〔漢〕揚雄撰
〔晉〕郭璞注

方言

附音序筆畫索引

中華書局

圖書在版編目(CIP)數據

方言:附音序、筆畫索引/(漢)揚雄撰;(晉)郭璞注.
—北京:中華書局,2016.6(2025.4重印)
ISBN 978-7-101-11746-2

Ⅰ.方… Ⅱ.①揚…②郭… Ⅲ.漢語方言-古方言-研究 Ⅳ.H171

中國版本圖書館CIP數據核字(2016)第087117號

責任編輯:張　可
責任美編:劉　麗
責任印製:陳麗娜

方　言 附音序、筆畫索引
〔漢〕揚　雄　撰
〔晉〕郭　璞　注
*
中華書局出版發行
(北京市豐臺區太平橋西里38號　100073)
http://www.zhbc.com.cn
E-mail:zhbc@zhbc.com.cn
高教社(天津)印務有限公司印刷
*
880×1230毫米 1/32 · 7⅝印張 · 2插頁
2016年6月第1版　2025年4月第7次印刷
印數:16001-17000冊　定價:28.00元

ISBN 978-7-101-11746-2

出版説明

我國傳統的語言文字學又稱小學，爲治經明史之基礎，其發展源遠流長，經歷了先秦的萌芽時期，到漢代出現了重要的語言學著作《爾雅》《方言》《説文解字》和《釋名》。作爲傳統語言學的奠基之作，這四部典籍爲歷代治學者所重視，爲中華文化的傳承作出了重要貢獻。當下傳統文化深受重視，許多讀者由文而史，而經，進而對上述四種小學典籍産生了很大興趣，却苦於找不到一種既有一定權威性，又便於使用的本子。有鑒於此，我們不以所謂善本、孤本爲追求目標，而選取四種經典版本加以影印，施以圈點句讀、標示字頭、編製索引，爲學界提供方便精善的讀本。

《方言》，原名《輶軒使者絶代語釋别國方言》，舊題西漢揚雄撰，是我國第一部漢語方言比較詞彙集。東晉郭璞爲《方言》作注，不僅校字注音、疏證詞義、闡明體例，更以晉時方言來與揚雄所記録的漢時方言相比較，從而揭示了三百年間漢語方言的歷時變化，也呈現了晉代方言的一些實際面貌。

《方言》宋代曾有國子監本、蜀本、閩本；宋慶元庚申（一二〇〇）會稽李孟傳潯陽郡齋刻本蓋即蜀本之覆刻本。該本爲宋槧孤本，現存之明刊本、抄本均祖於該本，僅文字有少許差異。今日所見之李孟傳刻本遞經明、清名家收藏，至民國爲傅增湘購藏重裝，於卷首增重裝題簽，卷末收民國繆荃孫、沈增植等人題跋。

今以宋慶元六年（一二〇〇）會稽李孟傳潯陽郡齋刻本爲底本印行，傅增湘重裝時所增題跋一併保留。底本殘缺嚴重者，參以他本，以編者注形式補於書後。索引所涉字，凡譌不成字者，及雖見於字書然與郭注音義不合或與上下文義殊違者，爲便檢索，酌情出注；既見於字書，於郭注音義、上下文義亦無明顯違逆者，雖已經前賢考證爲譌字，但因不屬於本次整理範疇，故不再出注。編輯過程中參考了華學誠先生的《揚雄方言校釋匯證》，特予説明，並致謝忱。不到之處，希望讀者隨時指正。

中華書局編輯部

二〇一六年一月

目録

宋槧方言十三卷丙辰秋

八月燕趙室重裝于海

王邨逗上寒露題

方言序

郭璞

蓋聞方言之作出乎輶軒之使所以巡遊萬國采覽異言車軌之所交人迹之所蹈靡不畢載以爲奏籍周秦之季其業隳廢莫有存者暨乎揚生沉淡其志歷載構綴乃就斯文是以三五之篇著而獨鑒之功顯故可不出戸庭而坐照四表不勞疇咨而物來能名考

九服之逸言。標六代之絕語。類離詞之指韻。明乖途而同致。辨章風謡而區分。曲通萬殊而不雜。眞洽見之奇書。不刊之碩記也。余少玩雅訓。旁味方言。復爲之解。觸事廣之。演其未及。摘其謬漏。庶以燕石之瑜。補琬琰之瑕。俾後之瞻涉者可以廣寤多聞爾。

西漢氏古書之全者。如鹽鐵論、揚子雲方言。其存蓋無幾。鹽鐵論。前輩每恨其文章不稱漢氏。唯方言之書最奇古。孟傳頃聞之曾文清公嘗以三詩答呂治先。有云傷心昨夜杯中物。不對王郎對影斟。紫微呂居仁次韻云。書來肯附銅魚使。記我今年病不斟。自注云。出子雲方言。今所在鏤板輙誤作病不禁。此書世所有。而無與是正。

知好之者少也。山谷詩云。追隨富貴勞牽尾。乃用太元經語。紹興初胡少汲、洪玉父、李文若諸人校黄詩刊本乃誤作縈牽尾。自此他本遂承誤。鬱蒼蒼三字文人多愛之。亦或鮮記其出於太元。大抵子雲精於小學。且多見先秦古書。故方言多識奇字。太元多有奇語。然其用之亦各有宜。子雲諸賦多古字。至法言、劇秦所用則無幾。古人文章蓋莫不然。西漢一書。唯相如、子雲等諸賦。韓退之文。唯曹成王碑。柳子厚自騷詞、晉問等。他皆不用古字。本朝歐文忠、王荆公、蘇長公、曾南豐諸宗工文章。照映今古。亦不多用古字。得非以謂古文奇字聲形之學。雖在所當講。而文律之妙則不專在是。若有意用之。或返累正氣也耶。學者要知所以用之。當其可則盡善耳。今方言自閩本外不多見。每惜其未廣。予來官尋陽。有以大字本見示者。因刋置郡齋。而附以所聞一二。蓋惜前輩之言久或不傳也。慶元庚申仲春甲子會稽李 孟傳 書。

漢儒訓詁之學惟謹。而楊子雲尤爲洽聞。蓋一物不知。君子所耻。博學詳説。將以反約。凡其辨名物、析度數。研精覃思。

毫釐必計。下而五方之音、殊俗之語。莫不推尋其故而旁通其義。非徒猥瑣拘泥。而爲是弗憚煩也。世之學者忽近而慕遠。捨實而徇名。高談性命。過自賢聖。視訓詁諸書。往往束之高閣。盍亦思夫周官太平之典。其道甚大。百物不廢。雖醫卜方技纖悉畢載。聖門學詩。不獨取其可興、可觀、可群、可怨。而鳥獸草木之名。亦貴多識。本末精粗。並行而不相悖。故漢儒尊經重古。純慤有守之風。類非後人所能企及。子雲博極群書。於小學奇字無不通。且遠採諸國。以爲方言。誠足備爾雅之遺闕。平時所以用力於此深矣。世知好之者蓋鮮。

前太守尚書郎李公一日語餘。苦無善本。質偶得諸相識。字畫落落可觀。因以告而鋟之木。輒併附管見云。慶元庚申重午日東陽朱質書。

黨曉哲　虔儇謾　𧢼倢　𧫞　黠鬼　娥嬴

輶軒使者絕代語釋別國方言第一

黨、曉、哲，知也。楚謂之黨，黨、朗也，解寤皃。或曰曉，齊宋之間謂之哲。

虔、儇，慧也。謂慧了。音翾。秦謂之謾，言謾詑音。詑、大和反。謾、莫錢又亡山反。晉謂之㦟，音悝，或莫佳反。宋楚之間謂之倢，言便倢也。楚或謂之𧫞。他和反。亦今通語。自關而東趙魏之間謂之黠，或謂之鬼。言鬼眎也。

娥、嬴，音盈。好也。秦曰娥。言娥娥也。宋魏之間謂之[illegible]〔一〕

媌　姣 姝　妦 妍　好　烈 枿　肄(肆)

言孈孈也。秦晉之間凡好而輕者謂之娥。自關東河濟之間謂之媌。今關西人亦呼好爲媌。莫交反。或謂之姣。言姣潔也。音狡。趙魏燕代之間曰姝。昌朱反。音株。亦四方通語。或曰妦。言妦容也。音蜂。自關而西秦晉之故都曰妍。秦舊都、今扶風雍丘也。晉舊都、今太原晉陽縣也。其俗通呼好爲妍。五千反。妍、一作忓。

好、其通語也。

烈、枿、餘也。謂烈餘也。五割反。陳鄭之間曰枿。晉衛之間曰烈。秦晉之間曰肄。音謚。傳曰。夏肄是屏。或曰烈、。

台胎陶鞠

艾

憮㤿憐牟

㥄憮矜悼憐

台、胎、陶、鞠、養也。台猶頤也。音怡。晉衛燕魏曰台，陳楚韓鄭之間曰鞠，秦或曰陶，汝潁梁宋之間曰胎，或曰艾。爾雅云：艾、養也。

憮、亡輔反。㤿、音淹。憐、牟、愛也。韓鄭曰憮，晉衛曰㤿，㤿憸、多意氣也。汝潁之間曰憐，宋魯之間曰牟，或曰憐。憐、通語也。

㥄、憮、矜、悼、憐、哀也。㥄亦憐耳。音陵。齊魯之間曰矜，陳楚之間曰悼，趙魏燕代之間曰㥄，自楚之北

咺 唏 㤁 怛

唴

唴哴 嗷咷

郊曰憮。秦晉之間或曰矜。或曰悼。

咺、香遠反。唏、虛几反。㤁、音的。一音灼。怛痛也。凡哀泣而不止曰咺。哀而不泣曰唏。於方則楚言哀曰唏。燕之外鄙鄙、邊邑名。朝鮮洌水之間朝鮮、今樂浪郡是也。洌水在遼東。音烈。少兒泣而不止曰咺。少兒猶言小兒。自關而西秦晉之間凡大人少兒泣而不止謂之唴。丘尚反。哭極音絕亦謂之唴。平原謂啼極無聲謂之唴哴。哴音亮。今關西語亦然。楚謂之嗷咷。叫逃兩音。

喑惄

悼惄悴憖

慎濟𥊍惄溼桓

字或作叴。音求。齊宋之間謂之喑，音蔭。或謂之惄。奴歷反。

悼、惄、悴、憖，傷也。詩曰：不憖遺一老。亦恨傷之言也。憖，魚吝反。自關而東汝潁陳楚之間通語也。汝謂之惄，秦謂之悼，宋謂之悴，楚潁之間謂之憖。

慎、濟、𥊍、惄、溼、桓，憂也。𥊍者，憂而不動也。作念反。宋衛或謂之慎，或曰𥊍。陳楚或曰溼，或曰濟。自關而西秦晉之間或曰惄，或曰溼。自關而西秦晉之間凡志而不得、欲而不獲、高而有墜、得而中

鬱悠懷惄惟
慮願念靖慎

敦豐厖夰憮〔憮〕
般嘏奕戎京奘
將

亡謂之溼。溼者，失意潛沮之名。沮一作阻。或謂之惄。

鬱悠、懷、惄、惟、慮、願、念、靖、慎，思也。晉宋衞魯之間謂之鬱悠。鬱悠猶鬱陶也。惟，凡思也。慮，謀思也。願，欲思也。念，常思也。東齊海岱之間曰靖。岱，太山。秦晉或曰慎，凡思之貌亦曰慎。謂感思者之容。或曰惄。

敦、豐、厖、鴟鴞。夰、音介。憮〔三〕、海狐反。般、般桓。嘏、音賈。奕、戎、京、奘、在朗天。將，大也。凡物之大貌曰豐。厖，深之大也。東齊海岱之間曰夰，或曰憮。宋魯陳衞之間

夏　壯

假佫懷摧詹戾艐

謂之嘏。或曰戎。秦晉之間凡物壯大謂之嘏。或曰夏。秦晉之間凡人之大謂之奘。或謂之壯。燕之北鄙齊楚之郊或曰京。或曰將。皆古今語也。語聲轉耳。初別國不相往來之言也。今或同。而舊書雅記故俗語不失其方。皆本其言之所出也。雅、小雅也。而後人不知。故為之作釋也。釋詁、釋言之屬。

假、音駕。佫、古格字。懷、摧、詹、戾、艐、古屆字。至也。邠、唐、冀、兗之間曰假。或曰佫。邠、今在始平漆縣。唐、今在太原晉陽縣。

楚之會郊（兩境之間。）或曰懷。摧、詹、戾楚語也。（詩曰。先祖于摧。六日不詹。魯侯戾止。之謂也。此亦方國之語。不專在楚也。）艐、宋語也。皆古雅之別語也。（雅謂風雅。）今則或同。

嫁逝徂適

嫁、逝、徂、適、往也。自家而出謂之嫁。由女而出爲嫁也。逝、秦晉語也。徂、齊語也。適、宋魯語也。

往

往、凡語也。

謾台 脅閱

謾台、（蠻怡二音。）脅閱、（呼隔反。）懼也。燕代之間曰謾台。齊楚之間曰脅閱。宋衛之間凡怒而噎噫（噎謂

嘽咺　虔劉慘綝　殘貪　欺　亟憐憮㤿

憂也。噫、央媢反。謂之脅閱。脅閱猶鬩穀也。南楚江湘之間謂之嘽咺。湘、水名。今在零陵。咺音香遠反。

虔、劉、慘、綝、殺也。今關西人呼打為綝。音廩。或洛感反。秦晉宋衛之間謂殺曰劉。晉之北鄙亦曰劉。秦晉之北鄙、燕之北郊、翟縣之郊謂賊爲虔。今上黨潞縣即古翟國。晉魏河内之北謂綝曰殘。楚謂之貪。南楚江湘之間謂之欺。言欺綝難猒也。

亟、憐、憮、㤿、愛也。東齊海岱之間曰亟。詐欺也。自

眉梨耋鮐　耇鮐　脩駿融繹尋延

關而西秦晉之間凡相敬愛謂之亟。陳楚江淮之間曰憐。宋衛邠陶之間曰憮，或曰惓。陶唐、晉都處。

眉、棃、耋、鮐，老也。東齊曰眉，言秀眉也。燕代之北鄙曰棃，言面色似凍棃。宋衛兗豫之内曰耋，八十爲耋。音經。秦晉之郊陳兗之會曰耇鮐。言背皮如鮐魚。耇音垢。

脩、駿、融、繹、尋、延，長也。陳楚之間曰脩，海岱大野之間曰尋，大野、今高平鉅野。宋衛荆吳之間曰融。

充　永　允訦恂展諒穆

自關而西秦晉梁益之間凡物長謂之尋。周官之法度廣爲尋。（度謂絹帛横廣。）幅廣爲充。（爾雅曰緇廣充幅。）延、永、長也。凡施於年者謂之延。施於衆長謂之永。（各隨事爲義。）

允、訦、（音諶。）恂、（音荀。）展、諒、（音亮。）穆、信也。齊魯之間曰允。燕代東齊曰訦。宋衛汝潁之間曰恂。荆吳淮汭之間曰展。（汭、水口也。音芮。）西甌毒屋黄石野之間曰穆。（西甌、駱越別種也。音嘔。其餘皆未詳所在。）衆信曰諒。周南召

碩沈巨濯
訏敦夏于
寇
夥
過
僉劒弩

南衞之語也。

碩、沈、巨、濯、訏、敦、夏、于、大也。訏亦作芋。音義同耳。香于反。齊宋之間曰巨，曰碩。凡物盛多謂之寇。今江東有小鳧，其多無數，俗謂之寇也。齊宋之郊、楚魏之際曰夥。音禍。自關而西秦晉之間凡人語而過謂之過。于果反。或曰僉，東齊謂之劒，或謂之弩。弩猶怒也。陳鄭之間曰敦，荆吳揚甌之郊曰濯，中齊西楚之間曰訏。西楚謂今汝南彭城。自關而西秦晉之間凡

暇　郴　秖　儆　華　荂　墳　廓　摸

物之壯大者而愛偉之謂之夏。周鄭之間謂之暇。音賈。郴、齊語也。洛含反。于、通詞也。

秖、緉秖也。儆、音致。會也。雍梁之間曰秖，秦晉亦曰秖。凡會物謂之儆。

華、荂、晠也。荂亦華別名。音誇。齊楚之間或謂之華，或謂之荂。

墳、地大也。青幽之間凡土而高且大者謂之墳。即大陵也。張小使大謂之廓。陳楚之間謂之摸。音莫。

嬛蟬𦅻撚未㛪〔蟬〕

踏䠥蹳𨁝

蹠

跳

躡郅跂〔跂〕洛躋踚

嬛、蟬、火全反。𦅻、音剡。撚、諾典反。未、續也。楚曰嬛。嬋、出也。別異義。〔四〕楚曰蟬。或曰未及也。

踏、古蹋字，他匣反。䠥、逍遥。蹳、音拂。跳也。楚曰𨁝。勑厲反。亦中州語。陳鄭之間曰䠥。楚曰蹠。自關而西秦晉之間曰跳。或曰路。

躡、郅、音質。跂、音企。洛、格亦訓來。躋、濟渡。踚、踊躍。登也。自關而西秦晉之間曰躡。東齊海岱之間謂之躋。魯衞曰郅。梁益之間曰洛。或曰跂。

逢逆迎

撏攓摭挻

籑

餥飵

逢、逆、迎也。自關而東曰逆。自關而西或曰迎。或曰逢。

撏、常含反。攓、音蹇。摭、盜蹠。挻、羊羶反。取也。南楚曰攓。陳宋之間曰摭。衛魯揚徐荊衡之郊曰撏。衡、衡山、南岳名。今在長沙。自關而西秦晉之間凡取物而逆謂之籑。音饌。楚部或謂之挻。

餥、音非。飵、音昨。食也。陳楚之內相謁而食麥饘謂之餥。饘、糜也。音旃。楚曰飵。凡陳楚之郊南楚之外

餂

𩜁𩝊

釗薄

薄努

勔釗

勖茲

相謁而飧晝飯爲飧。或曰飵，或曰餂。音黏。秦晉之際河陰之間曰𩜁惡恨反。𩝊〔五〕五根反。今馮翊郃陽河東龍門是其處也。此秦語也。今關西人呼食欲飽爲𩜁𩝊。

釗、薄，勉也。相勸勉也。居遼反。秦晉曰釗，或曰薄。故其鄙語曰薄努，猶勉努也。如今人言努力也。南楚之外曰薄努，自關而東周鄭之間曰勔釗。沉湎。齊魯曰勖茲。勖勔亦訓勉也。

輶軒使者絶代語釋別國方言第一

釥嫽　好　朦厖　豐　豐人　杼首仔杼

輶軒使者絕代語釋別國方言第二

釥、[錯眇反。]嫽、[洛夭反。]好也。青徐海岱之間曰釥，或謂之嫽。[今通呼小姣潔喜好者爲嫽釥。]好，凡通語也。

朦、[忙紅反。]厖，[鴟鴇。]豐也。自關而西秦晉之間凡大貌謂之朦，或謂之厖。豐，其通語也。趙魏之郊、燕之北鄙凡大人謂之豐人。燕記曰：豐人杼首。杼首，長首也。楚謂之仔，[音序。]燕謂之杼。燕趙之間言圍大謂之豐。[謂度圍物也。]

娃 嫷 窕 豔 好 娥 窈 奕 偞

娃、烏佳反。嫷、諾過反。窕、途了反。豔、美也。吳楚衡淮之間曰娃。南楚之外曰嫷。言婑嫷也。宋衛晉鄭之間曰豔。陳楚周南之間曰窕。自關而西秦晉之間凡美色或謂之好。或謂之窕。故吳有館娃之宫。秦有㯃娥之臺。皆戰國時諸侯所立也。㯃音七。秦晉之間美貌謂之娥。言娥娥也。美狀爲窕。言閑都也。美色爲豔。言光豔也。美心爲窈。言幽靜也。

奕、偞、容也。自關而西凡美容謂之奕。或謂之

顥(顥)鑠盱揚賸〔䐶〕
順
聯
魏〔嫢〕笙揫摻

僷。奕、僷皆輕麗之皃。僷音葉。宋衛曰僷，陳楚汝潁之間謂之奕。

顥、音綿。下作聯。音字同耳。鑠、舒灼反。盱、香于反。揚、賸、〔六〕音滕。雙也。南楚江淮之間曰顥，或曰賸；好目謂之順，言流澤也。黸、黸、黑也。瞳之子謂之聯。言聯邈也。宋衛韓鄭之間曰鑠，言光明也。燕代朝鮮洌水之間曰盱，謂舉眼也。或謂之揚。詩曰：美目揚兮。是也。此本論雙耦，因廣其訓，復言目耳。

〔七〕嫢、羌箠反。笙、揫、音遒。摻、素檻反。細也。自關而西秦晉

偍　褱渾膞臁僇　泡

之間凡細而有容謂之魏。魏魏、小成皃。或曰偍。言偍偕也。度皆反。凡細貌謂之笙。斂物而細謂之揫。或曰摻。

褱、言褱瑋也。渾、們渾、肥滿也。狐本反。膞、膞呬、充壯也。匹四反。臁、音壤。僇、恪膠反。泡、音庖。盛也。自關而西秦晉之間語也。陳宋之間曰僇。僇佯、麤大皃。江淮之間曰泡。泡肥、洪張皃。秦晉或曰臁。梁益之間凡人言盛及其所愛曰偉其肥晠謂之臁。肥臁多肉。

綾靡　篾　葼

私、策、纖、䅗、音銳。稺、古稚字。杪、莫召反。小也。自關而西秦晉之郊梁益之間凡物小者謂之私。小或曰纖。繒帛之細者謂之纖。東齊言布帛之細者曰綾。音凌。秦晉曰靡。靡，細好也。凡草生而初達謂之䅗。鋒萌始出。稺，年小也。木細枝謂之杪。言杪梢也。江淮陳楚之內謂之篾。篾，小皃也。青齊兗冀之間謂之葼。馬鬣。燕之北鄙朝鮮洌水之間謂之策。故傳曰慈母之怒子也，雖折葼笞之，其惡存焉。

殗殜　殗殜　臺(臺)敵　臺(臺)敵　抱嬔　嬔倚踦

言埶在其中也。

殗、於怯反。殜、音葉。微也。宋衛之間曰殗。自關而西秦晉之間凡病而不甚曰殗殜。病半臥半起也。

臺、敵、延、一作迮。也。東齊海岱之間曰臺。自關而西秦晉之間物力同者謂之臺敵。

抱嬔、追萬反。一作嬎。耦也。耦亦迮。互見其義耳。音赴。荆吳江湖之閒曰抱嬔。宋潁之間或曰嬔。倚、丘寄反。踦、郄奇反。奇也。奇偶。自關而西秦晉之間凡全物而體不具謂之倚。梁楚之間謂之踦。雍梁之西郊凡嘼支體不具者謂之踦。

逴、勑略反。獡、音鑠。透、式六反。驚也。自關而西秦晉之間凡蹇者或謂之逴。行略逴也。體而偏長短亦謂之逴。宋衛南楚凡相驚曰獡。或曰透。皆驚皃也。

儀、絡、來也。陳潁之間曰儀。自關而東周鄭之郊齊魯之間或謂絡曰懷。

〔八〕䵒、暱、䵖、音汝。黏也。齊魯青徐自關而東或曰䵒。

餬託〔託〕庇寓媵

言黏䵒也。或曰𪎭餬。音胡。[九]託、庇、庇蔭。寓、媵、音孕。寄也。齊衛宋魯陳晉汝潁荆州江淮之間曰庇，或曰寓。寄食爲餬，傳曰：餬予口於四方是也。凡寄爲託，寄物爲媵。

逞苦了

逞、苦、了，快也。自山而東或曰逞，楚曰苦，苦而爲快者，猶以臭爲香、治爲亂、徂爲存。此訓義之反覆用之是也。秦曰了。今江東人呼快爲愃。相緣反。

挴𢡆𧹞〔赧〕

挴、𢡆、𧹞，愧也。晉曰挴，或曰𢡆。秦晉之間凡愧而見上謂之𧹞。小雅曰：面赤愧曰𧹞。梁宋曰𢡆。恧𢡆亦慙貌也。音匿。

吅惏　憑𪘏〔齘〕苛　憡刺　撟捎　撊梗爽

吅、訖高反。惏、洛含反。殘也。陳楚曰惏。

憑、〔一〇〕𪘏、苛、怒也。楚曰憑。憑恚、盛貌。楚詞曰：康回憑怒。小怒曰𪘏。言噤𪘏也。陳謂之苛。相苛責也。

憡、刺、痛也。㦒憡、小痛也。音策。自關而西秦晉之間或曰憡。

撟、捎、選也。此妙擇積聚者也。矯騷兩音。自關而西秦晉之間凡取物之上謂之撟捎。

撊、呼旱反。梗、魚鯁。爽、猛也。晉魏之間曰撊。傳曰：撊然登陴。

韓趙之間曰梗。齊晉曰爽。

瞯睇睎略

瞯、音閑 睇、音悌 睎、略、音略 眄也。陳楚之間南楚之外曰睇。東齊青徐之間曰睎。吳揚江淮之間或曰瞯。或曰略。自關而西秦晉之間曰眄。

眄(眄)

䭒喙呬

䭒、消息 喙、口喙 呬、許四反 息也。周鄭宋沛之間曰䭒。自關而西秦晉之間或曰喙。或曰䭒。東齊曰呬。

鎃摫

鎃、劈歷 摫、音規 裁也。梁益之間裁木爲器曰鎃。裂帛爲衣曰摫。鎃又斲也。皆折破之名也 晉趙之間謂

鋠鋠
鐫
鍇 鐕〔鐕〕
揄鋪 艦極 帗縷 葉輸〔褕〕

之鋠鋠。

鐫、椓也。謂鑿鐫也。子旋反。晉趙謂之鐫。

鍇、音揩。鐕、音砧。堅也。自關而西秦晉之間曰鍇。吳揚江淮之間曰鐕。

揄鋪、音敷。艦、丟埑。極、帗、音拂。縷、葉、輸、音臾。毳也。音脆。皆謂物之行蔽也。荊揚江湖之間曰揄鋪。楚曰艦極。陳宋鄭衛之間謂之帗縷。燕之北郊朝鮮洌水之間曰葉輸。今名短度絹為葉輸也。

孑藎　遵　翿幢　挍略　攗〔攈〕摭　茫矜奄

孑、藎，餘也。謂遺餘。昨吝反。周鄭之間曰藎，或曰孑；青徐楚之間曰孑。自關而西秦晉之間炊薪不盡曰藎。孑、俊也。遵、俊也。廣異語耳。

翿、言翿濤。幢，徒江反。翳也。儛者所以自蔽翳也。楚曰翿，關西關東皆曰幢。

挍、略，求也。秦晉之間曰挍，就室曰挍，於道曰略。略，强取也。攗、古捃字。摭，盜蹠。取也。此通語也。

茫、矜、奄，遽也。謂遽矜也。吳揚曰茫，今北方通然也。莫光反。陳

遽　速逞搖扇　予賴讎　恒慨蔘綏羞繹紛毋　剿蹶獪

潁之間曰奄。秦晉或曰矜，或曰遽。

速、逞、搖扇，疾也。東齊海岱之間曰速，燕之外鄙朝鮮洌水之間曰搖扇，楚曰逞。

予、賴，讎也。南楚之外曰賴，（賴亦惡名。）秦晉曰讎。

恒慨、蔘（索含反。）綏、羞繹、（音奕。）紛毋，言既廣又大也。荊揚之間凡言廣大者謂之恒慨，東甌之間謂之蔘綏，（東甌亦越地，今臨海永寧是也。）或謂之羞繹、紛毋。

剿、（雀潦反。又子了反。）蹶，（音厥。）獪也。（古狡獪字。）秦晉之間曰獪，

蔿　姡

楚謂之剿。或曰蹶。言踣蹶也。楚鄭曰蔿。音指撝。亦或聲之轉也。或曰姡。言黠姡也。今建平郡人呼姣爲姡。胡刮反。

輶軒使者絕代語釋別國方言第二

釐孳　僆子　孿生　嫁子　倩　娠　亭公　弩父

輶軒使者絕代語釋別國方言第三

陳楚之間凡人嘼乳而雙產謂之釐孳。音兹。秦晉之間謂之僆子。音輦。自關而東趙魏之間謂之孿生。蘇官反。女謂之嫁子。言往適人。

東齊之間聓謂之倩。言可借倩也。今俗呼女聓爲卒便是也。卒便一作平使。

燕齊之間養馬者謂之娠。今之温厚也。音振。官婢女廝謂之娠。女廝，婦人給使者。亦名娠。

楚東海之間亭父謂之亭公。亭民。卒謂之弩父

褚　臧甬侮獲　蔿譌譁涅

主擔幔弩導幨。因名云。或謂之褚。言衣赤也。褚音赭。

臧、甬、音勇。侮、獲、奴婢賤稱也。荆淮海岱雜齊之間俗不純爲雜。罵奴曰臧。罵婢曰獲。齊之北鄙燕之北郊凡民男而聓婢謂之臧。女而婦奴謂之獲。亡奴謂之臧。亡婢謂之獲。皆異方罵奴婢之醜稱也。自關而東陳魏宋楚之間保庸謂之甬。保、言可保信也。秦晉之間罵奴婢曰侮。言爲人所輕弄。

蔿、音花。譌、訛言。譁、五瓜反。皆化聲之轉也。涅、化也。燕朝鮮洌

斟協　汁　蘇芥　草　芥〔莽〕　荏

水之間曰涅。或曰譁。雞伏卵而未孚（音赴）始化之時謂之涅。

斟、協、汁也。（謂和協也。或曰潘汁。所未能詳。）北燕朝鮮洌水之間曰斟。自關而東曰協。關西曰汁。

蘇、芥、草也。（漢書曰：樵蘇而爨。蘇猶蘆。語轉也。）江淮南楚之間曰蘇。自關而西或曰草。或曰芥。（或言菜也。）南楚江湘之間謂之芥〔四〕。（嫫母。）蘇亦荏也。（荏屬也。爾雅曰：蘇，桂荏也。）關之東西或謂之蘇。或謂之荏。周鄭之間謂之

公蕡 䓯　蘱葇　蘴蕘　蕪菁　大芥 辛芥　幽芥 蘆菔　菈遳

公蕡。音翡〻。今江東人呼荏為䓯。音魚。沅湘之南或謂之䓯。今長沙人呼野蘇為䓯。音車轄。沅、水名。在武陵。其小者謂之蘱葇。蕫葇也。亦蘇之種類。因名云。

蘴、舊音蜂。今江東音嵩。字作菘也。蕘、鈴鐃。蕪菁也。陳楚之郊謂之蘴。魯齊之郊謂之蕘。關之東西謂之蕪菁。趙魏之郊謂之大芥。其小者謂之辛芥。或謂之幽芥。其紫華者謂之蘆菔。今江東名為温菘。實如小豆。羅匐二音。東魯謂之菈遳。洛荅、大合兩反。

蔆〔蔆〕芡

雞頭

鴈頭　烏頭

茦

壯

梗　劌

刺　棘

〔一五〕蔆、芡，音儉。雞頭也。北燕謂之蔆，今江東亦呼蔆耳。青徐淮泗之間謂之芡，南楚江湘之間謂之雞頭，或謂之鴈頭，或謂之烏頭。狀似烏頭，故傳以名之。

凡草木刺人，北燕朝鮮之間謂之茦，爾雅曰：茦，刺也。或謂之壯。今淮南人亦呼壯。壯，傷也。山海經謂刺爲傷也。自關而東或謂之梗，今云梗榆。或謂之劌。劌者，傷割人名。音鱖魚也。自關而西謂之刺，江湘之間謂之棘。楚詞曰：曾枝剡棘。亦通語耳。音己力反。

瘌　癆　眠眩　毒　逞曉恔苦　快

凡飲藥傅藥而毒，南楚之外謂之瘌。乖瘌。北燕朝鮮之間謂之癆。癆、瘌皆辛螫也。音聊。東齊海岱之間謂之眠，或謂之眩。眠、眩亦今通語耳。自關而西謂之毒。瘌、痛也。

逞、曉、恔、苦，快也。快即狡。狡戲亦快事也。自關而東或曰曉，或曰逞。江淮陳楚之間曰逞，宋鄭周洛韓魏之間曰苦，東齊海岱之間曰恔。自關而西曰快。

膠譎
詐
揠擢拂戎拔
慰廛度
踐
萃雜聖

膠、譎，詐也。涼州西南之間曰膠。自關而東西或曰譎，或曰膠。汝南人呼欺爲讉，訹回反。亦曰詒。音殆。詐，通語也。

揠、擢、拂、戎，拔也。今呼拔草心爲揠。烏拔反。自關而西或曰拔，或曰擢。自關而東江淮南楚之間或曰戎。東齊海岱之間曰揠。

慰、廛、度，尻也。周官云：夫一廛。宅也。音纏約。江淮青徐之間曰慰。東齊海岱之間或曰度，或曰廛，或曰踐。

萃、雜，集也。東齊曰聖。

迨遝　及　荄杜　芨　班徹　瘼癁　瘎　掩醜掍綷

迨、遝、及也。東齊曰迨，音殆。關之東西曰遝，或曰及。

荄、杜，根也。今俗名韭根爲荄。音陔。東齊曰杜。詩曰：徹彼桑杜。是也。或曰芨。音撥。

班、徹，列也。北燕曰班，東齊曰徹。

瘼、音莫。癁，病也。謂勞復也。東齊海岱之間曰瘼，或曰癁。秦曰瘎。音闇。或湛。

掩、醜、掍、衮衣。綷，作憒反。同也。江淮南楚之間曰掩。

裕猷　虔散　汜〔氾〕浼灟洼　庸恣比侹更佚

宋衛之間曰緈。或曰掍。東齊曰醜。

裕、猷、道也。東齊曰裕。或曰猷。

虔、散、殺也。東齊曰散。青徐淮楚之間曰虔。

汜、〔一六〕音汎。浼、音漫。灟、湯灟。洼、烏蛙反。洿也。皆洿池也。自關而東或曰洼。或曰汜。東齊海岱之間或曰浼。或曰灟。荊州呼潢也。

庸、恣、比、比次。侹、侹直。更、佚、蹉跌。代也。齊曰佚。江淮陳楚之間曰侹。〔一七〕餘四方之通語也。今俗亦名更代作爲恣作也。

氓 杋(朹) 寓 露 別 棖 謫 間

氓、民也。民之總名。音萌。

杋、仇也。謂怨仇也。音舊。

寓、寄也。

露、敗也。

別、治也。

棖、法也。救傾之法。

謫、怒也。相責怒也。音賾。

間、非也。

格　斅　軫　屑　諄　俚　梱　苙

格、正也。

斅、數也。偶物為麗，故立數之。

軫、戾也。相了戾也。江東音善。

屑、潔也。謂潔清也。音薛。

諄、罪也。謂罪惡也。章順反。

俚、聊也。謂苟且也。音吏。

梱、就也。梱梱、成就皃。恪本反。

苙、圂也。謂蘭圂也。音立。

廋　餂　棖　儓䑋　田儓　辟　倯

廋、隱也。謂隱匿也。音搜索也。

餂、取也。謂挑取物。音忝。

棖、隨也。棖柱令相隨也。

儓、音臺。䑋、音肄。農夫之醜稱也。南楚凡罵庸賤謂之田儓。㑜儓、駑鈍皃。或曰僕臣儓。亦至賤之號也。或謂之䑋。䑋、丁健皃也。廣雅以為奴，字作𨽿。音同。或謂之辟。辟、商人醜稱也。僻僻、便黠皃也。音擘。

庸謂之倯，轉語也。倯猶保倯也。今隴右人名孏為倯。相容反。

褸〔褸〕裂　須捷〔捷〕挾斯

襤褸

撲鋌澌撲生

〔一八〕褸裂、須捷〔一九〕、挾斯，敗也。南楚凡人貧衣被醜弊謂之須捷。須捷、狎婁也。或謂之褸裂，裂、衣壞皃。音縷。或謂之襤褸。故左傳曰：蓽路襤褸，以启山林。蓽路、柴車。殆謂此也。或謂之挾斯。挾斯、猶挾變也。器物弊亦謂之挾斯。

撲、打撲。鋌、音挺。澌、盡也。南楚凡物盡生者曰撲生，今種物皆生云撲地生也。物空盡者曰鋌。鋌、賜也。亦中國之通語也。連此撲、斯皆盡也。鋌、空也。語之轉也。

撲翕葉　斟不斟　何斟　差間知　慧　憭瘳蠲

撲、翕、葉、聚也。撲屬、藂，相着皃。楚謂之撲，或謂之翕。葉，楚通語也。

斟、益也。言斟酌益之。南楚凡相益而又少謂之不斟。凡病少愈而加劇亦謂之不斟，或謂之何斟。言雖少損無所益也。

差、間、知、愈也。南楚病愈者謂之差，或謂之間，言有間隙。或謂之知。知、通語也。或謂之慧，或謂之憭。慧、憭皆意精明。或謂之瘳，或謂之蠲。蠲亦除也。音涓。一圭反。

或謂之除。

輶軒使者絶代語釋别國方言第三

褋　禪衣　袏衣 裎衣　深衣　褈褣　襜褕 裋褕　襤褸 裗裾

輶軒使者絶代語釋別國方言第四

禪衣。江淮南楚之間謂之褋。（楚辭曰：遺余褋兮澧浦。音簡牒。）關之東西謂之禪衣。有褎者，（前施褎囊也。房報反。）趙魏之間謂之袏衣。無褎者謂之裎衣。（音逞。）古謂之深衣。（制見禮記。）

襜褕。江淮南楚謂之褈褣。（裳凶反。）自關而西謂之襜褕。其短者謂之裋褕。（音豎。）以布而無緣敝而紩之謂之襤褸。自關而西謂之裗裾。（俗名裗掘。）

緻 䙢 祇裯 甲襦 襜襦 襌襦 帗襬 褘袚

音偃。其敝者謂之緻。緻，縫納敝，故名之也。丁履反。

汗襦，廣雅作褕。江淮南楚之間謂之䙢，音甑。自關而西或謂之祇裯。祇，音止。裯，丁牢反。亦呼爲掩汗也。自關而東謂之甲襦。陳魏宋楚之間謂之襜襦，或謂之襌襦。今或呼衫爲單襦。

帬，陳魏之間謂之帗，音披。自關而東或謂之襬。音碑。今關西語然也。

蔽厀，江淮之間謂之褘，音韋。或暉。或謂之袚，音沸。魏宋南楚之間謂之大巾。自關東西謂之蔽厀。齊魯之郊謂之袡。昌詹反。襦。字亦作褕。又襦無右邊。西南屬漢謂之曲領。或謂之襦。褌。陳楚江淮之間謂之裗。錯勇反。袴。齊魯之間謂之襚。傳曰。徵褰與襦。音鶱。或謂之襱。今俗呼袴踦為襱。音鮦魚。關西謂之袴。褕謂之袖。襦襚有袖者。因名云。衱謂之褗。即衣領也。劫偃兩音。

裾　袵〔衽〕　緻　襤　襤　䘰　襣　袩

袿謂之裾。衣後裾也、或作袪。廣雅云。衣袖。

褸謂之衽〔三〕。衣襟也。或曰裳際也。

褸謂之緻。襤褸、綴結也。

裯謂之襤。祗裯、弊衣。亦謂襤褸。

無緣之衣謂之襤。

無袂衣謂之䘰。袂、衣袖也。音藝。䘰音慢惰。

無𧙕之袴謂之襣。袴無踦者。即今犢鼻褌也。𧙕亦襱。字異耳。

䘯謂之袩。干苫、丁俠兩反。未詳其義。

交　襦　被　裎　袩　襌衣　襌襦　褌

衿謂之交。衣交領也。

裺謂之襦。尖劒反。

襜謂之被。衣掖下也。

佩紟謂之裎。所以係玉佩帶也。音禁。

褸謂之袩。即衣衽也。

覆衭謂之襌衣。作牘反。

偏禅謂之襌襦。即衫也。

袀繵謂之褌。今又呼爲涼衣也。灼纏兩音。

直衿　袍　帬　緣　蔽膝　袖　被巾　⿰衤焉裺

袒飾謂之直衿。婦人初嫁所著上衣直衿也。音但。

襃明謂之袍。廣雅云。襃明、長襦也。

繞衿謂之帬。俗人呼接下。江東通言下裳。

懸裺謂之緣。衣縫緣也。音掩。

絜襦謂之蔽膝。廣異名也。

裪𧝒謂之袖。衣褾。音標。江東呼椀。音婉。

帍裱謂之被巾。婦人領巾也。方廟反。

繞緍謂之⿰衤焉裺。衣督脊也。緍音循。

厲謂之帶。小爾雅曰。帶之垂者爲厲。襎裷謂之幭。即帊幞也。煩冤兩音。幭、亡別反。繄袼謂之樞。即小兒次衣也。翳洛嘔三音。楚謂無緣之衣曰襤。紩衣謂之褸。秦謂之緻。自關而西秦晉之間無緣之衣謂之統裾。嫌上說有未了。故復分明之。複襦江湘之間謂之䙕。音豎。或謂之筩褹。今筩袖之襦也。褹即袂字耳。大袴謂之倒頓。今雹袴也。小袴謂之校袑。繚袴[illegible]

幏(幏) 帉
帤
絡頭 帞頭 紗繢 䰎帶 䯸帶 帑
㡋
幧頭

兩音。楚通語也。

幏、巾也。巾主覆者，故名幏也。大巾謂之帉。音芬。嵩嶽之南嵩高、中岳山也。今在河南陽城縣。陳潁之間謂之帤，奴豬反。亦謂之幏。江東通呼巾帉耳。

絡頭、帞頭也。〔三〕音貊。紗繢、䰎帶、羌位反。䯸帶、音菜。帑、音績。亦千。㡋、於怯反。幧頭也。自關以西秦晉之郊曰絡頭，南楚江湘之間曰帞頭，自河以北趙魏之間曰幧頭，或謂之帑，或謂之㡋。其遍者謂之

幘巾 承露 覆⿱髟彖

扉 屨 麤

複舃 複履

⿰革夗下 鞮

履 不借

屐〔屩〕 ⿰革卬角

⿱髟責帶。今之偏疊幧頭也。或謂之⿱髟彖帶。⿱髟彖亦結也。覆結謂之幘巾。或謂承露。或謂之覆⿱髟彖。今結籠是也。皆趙魏之間通語也。

扉、屨、麤、履也。徐兖之郊謂之扉。音翡。自關而西謂之屨。中有木者謂之複舃。自關而東複履。其庳者謂之⿰革夗下。音婉。禪者謂之鞮。今韋鞮也。絲作之者謂之履。麻作之者謂之不借。粗者謂之屨。東北朝鮮洌水之間謂之⿰革卬角。音印。〔一四〕 從江

屦〔屨〕 㡰　緉緛　絞　縝

沔之間揔謂之麤。沔水，今在襄陽。西南梁益之間或謂之屦。[二五]他回反，字或作屦，音同。或謂之㡰。下瓦反，一音畫。履，其通語也。徐土邳圻之間今下邳也。圻音祁。大麤謂之䩕角。今漆履有齒者。

緉、音兩。緛、音爽。絞也。謂履中絞也。音校。關之東西或謂之緉，或謂之緛。絞，通語也。

纑謂之縝。謂纑縷也。音振。

輶軒使者絕代語釋別國方言第四

錪　鉼錡　鏤鬲　釜鍑　甗鬵〔鬵〕　酢餾　盌盂

輶軒使者絶代語釋別國方言第五

鍑〈釜屬也。音富。〉北燕朝鮮洌水之間或謂之錪〈音腆。〉或謂之鉼〈音餅。〉江淮陳楚之間謂之錡〈或曰三脚釜也。音技。〉或謂之鏤。吳揚之間謂之鬲。〈音曆。〉

釜自關而西或謂之釜，或謂之鍑。〈鍑亦釜之揔名。〉

甑自關而東謂之甗〈音言。〉或謂之鬵〔二六〕〈音岑。〉梁州呼鉹。〉或謂之酢餾。〈屋霤。〉

盂〈音于。〉宋楚魏之間或謂之盌。〈烏管反。〉盌謂之盂〔二七〕

銚銳　櫂　柯

䀇

㿿　椷　盞　㴩(溫)　閜　㰈　䍐

桮

簞

或謂之銚銳。謠語。盌謂之櫂。盂謂之柯。[illegible]語也。海岱東齊北燕之間或謂之䀇。書卷。

㿿、音雅。椷、封緘。盞、酒醆。㴩、薄淹反。閜、呼雅反。㰈、音章。䍐、音麈。桮也。秦晉之郊謂之㿿。所謂伯㿿者也。自關而東趙魏之間曰椷。或曰盞。最小桮也。或曰㴩。其大者謂之閜。吳越之間曰㰈。齊右平原以東或謂之䍐。桮、其通語也。

蠡、瓠勺也。音麗。陳楚宋魏之間或謂之簞。或謂之

檝瓢　槝案　桮落　豆筥　筲　籯桶檧　瓬瓭甒䍃甄㼜甀

檝。今江東通呼勺為檝。音羲。或謂之瓢。

案。陳楚宋魏之間謂之槝。自關東西謂之案。

桮落。盛桮器籠也。陳楚宋衛之間謂之桮落。又謂之豆筥。自關東西謂之桮落。

箸筩。盛杙箸籫也。陳楚宋魏之間謂之筲。鞭鞘。或謂之籯。漢書曰。遺子黃金滿籯。音盈也。自關而西謂之桶檧。今俗亦通呼小籠為桶檧。音籠冠。檧、蘇勇反。或作䈫。

瓬、音岡。瓭、都感反。亦音沉。甒、音舞。䍃、音由。甄、音鄭。㼜、胙反。〔三八〕甀、度

第五

瓮瓿甊甇
甖

反。瓮、瓿、甊、瓿音部。甊洛口反。甇、牛志反。甖、於庚反。靈桂之〔二九〕
郊謂之瓬。今江東通名大瓮爲瓬。其小者謂之瓶。周魏
之間謂之甒。今江東亦呼甖爲甒子。秦之舊都謂之甀。
淮汝之間謂之䍃。江湘之間謂之甇。自關而
西晉之舊都河汾之間汾水出大原，經絳北西南入河。其大
者謂之甄。其中者謂之瓿甊。自關而東趙魏
之郊謂之瓮，或謂之甖。東齊海岱之間謂之
甇。甖，其通語也。

甂瓶　㼡　儋　甀罃甄　甖　瓿甌瓶　盎　盆

罃，陳魏宋楚之間曰䚌。音臾。或曰瓶。音殊。燕之東北朝鮮洌水之間謂之瓺。音暢，亦腸。齊之東北海岱之間謂之儋。所謂家無儋石之餘也。音譫。字或作甔。周洛韓鄭之間謂之甀。或謂之罃。罃謂之甄。殸擊。罋謂之甖。

缶謂之瓿甌。即盆也。音偶。其小者謂之瓶。

罃甈謂之盎。案：爾雅，甈，康瓠。而方言以為盆，未詳也。甈，都罽反。盎，烏浪反。

自關而西或謂之盆，或謂之盎。其小者謂

升甌 題 甂甌 䈪 箕 蘿 縮篗匧

升甌，惡牟反。亦音憂。

甂，音邊。陳魏宋楚之間謂之題，今河北人呼小盆爲題子，杜啓反。自關而西謂之甂，其大者謂之甌。

所以注斛，盛米穀寫斛中者也。陳魏宋楚之間謂之䈪，今江東亦呼爲䈪。音巫覡。自關而西謂之注。箕，陳魏宋楚之間謂之籮。䈪亦籮屬也，形小而高，無耳。

炊䈶謂之縮，漉米䈶也。或謂之篗，音藪。或謂之匧。音旋。江東呼淅籤。

牆居 箑 扇 梴 䃄 綆 絡繘綆 樎

篝。今薰籠也。陳楚宋魏之間謂之牆居。

扇，自關而東謂之箑。今江東亦通名扇為箑，音篓。自關而西謂之扇。

碓機，碓捎也。陳魏宋楚自關而東謂之梴。音延。磑或謂之䃄。即磨也。錯碓反。

繘，汲水索也。音橘。自關而東周洛韓魏之間謂之綆，或謂之絡。音洛。關西謂之繘綆。

櫪，養馬器也。梁宋齊楚北燕之間或謂之樎。音縮。〔三〇〕入

皁　裺囊　裺篼　𢄔篼　帪　鹿觡　鉤格　鉤鑯　⿸广⿰兆斗　鏵　鍏　臿　畚

謂之皁。皁隸之名，於此乎出。

飲馬橐。自關而西謂之裺囊。音鵠。或謂之裺篼。或謂之𢄔篼。音摟。燕齊之間謂之帪。廣雅作裖，字音同耳。

鉤。懸物者。宋楚陳魏之間謂之鹿觡。或呼鹿角。或謂之鉤格。自關而西謂之鉤。或謂之鑯。音微。

臿。燕之東北朝鮮洌水之間謂之⿸广⿰兆斗。湯料反。此亦鍫聲轉也。宋魏之間謂之鏵。或謂之鍏。音韋。江淮南楚之間謂之臿。沅湘之間謂之畚。趙魏之間

㭒梩　渠挐　渠疏　攝殳　度棓　拂〔柫〕柍　桲　鉊鐹

謂之㭒。（字亦作鍫也。）東齊謂之梩。（音駭。江東又呼鍫刃為鐅。普蔑反。）杷。（無齒為朳。）宋魏之間謂之渠挐。（今江東名亦然。諾猪反。）或謂之渠疏。（語轉也。）

僉。（今連架所以打穀者。）宋魏之間謂之攝殳。（音殊。亦杖名也。）或謂之度。（今江東呼打為度。度音量度也。）自關而西謂之棓。（蒲項反。）或謂之拂。（音拂。）齊楚江淮之間謂之柍。（音悵快。亦音為車鞅。此皆打之別名也。）或謂之桲。（音勃。）

刈鉤。江淮陳楚之間謂之鉊。（音昭。）或謂之鐹。（音

鉤鎌鍥　苗麴　薄蓬薄　椵〔椴〕　植　槌样　𢷬〔㰆〕㯰

自關而西或謂之鉤。或謂之鎌。或謂之鍥。結。

薄。宋魏陳楚江淮之間謂之苗。或謂之麴。此直語楚聲轉也。自關而西謂之薄。南楚謂之蓬薄。

櫠。燕之東北朝鮮洌水之間謂之椵。[三]揭、找也。江東呼都。音段。

槌。絲蠶薄柱也。度畏反。宋魏陳楚江淮之間謂之植。音值。自關而西謂之槌。齊謂之样。音陽。其橫關西曰𢷬。[三]音朕。亦名校。音交。宋魏陳楚江淮之間謂之㯰。音帶。

持緰　繸　繯環　笙籧苗　簟𥲆　籧篨篕掞　倚佯筕篖

齊部謂之持。丁謹反。胡以縣帶，關西謂之緰，力冉反。東齊海岱之間謂之繸，相主反。宋魏陳楚江淮之間謂之繯，擐甲。或謂之環。擐。

簟，宋魏之間謂之笙，今江東通言笙。或謂之籧苗。自關而西謂之簟，或謂之𥲆。今云𥲆篾篷也。其粗者謂之籧篨。自關而東或謂之篕掞。音剡。江東呼籧篨爲𥷑，音廢。

筕篖，似籧篨，直文而粗。江東呼笪，音靼。自關而東周洛楚魏之間謂之倚佯，音羊。自關而西謂之筕篖，南楚

篖　簣（簀）　笫　樹　杠　趙　樺〔樺〕　牒　牑　俎　杫

之外謂之篖。牀。齊魯之間謂之簣牀版也。音迮。陳楚之間或謂之笫。音滓。又音姊。其杠。北燕朝鮮之間謂之樹。自關而西秦晉之間謂之杠。南楚之間謂之趙。趙當作兆，聲之轉也。中國亦呼杠爲桃牀，皆通也。東齊海岱之間謂之樺。〔三四〕音先。其上板，衛之北郊趙魏之間謂之牒。簡牒。或曰牑。履屬。

俎，几也。西南蜀漢之郊曰杫。音賜。

桯　榹虡　篗榬　格　轣轆車　道軌（軌）　鍵　鑰

榻前几，江沔之間曰桯。（今江東呼爲承。桯音刑。）趙魏之間謂之榹。（音易。）凡其高者謂之虡。（即筍虡也。音巨。）

篗，榬也。（所以絡絲也。音爰。）兗豫河濟之間謂之榬。絡謂之格。（所以轉篗給車也。）

繀車（蘇對反。）趙魏之間謂之轣轆車，東齊海岱之間謂之道軌。

户鑰，自關之東陳楚之間謂之鍵，（巨蹇反。）自關之西謂之鑰。

蔽箘簙 箭裹 簙毒 夗專 匴璇 棊 枰 廣平 局(局) 曲道 弈

簙謂之蔽。或謂之箘。音囷。秦晉之間謂之簙。吳楚之間或謂之蔽。或謂之箭裹。簙著名箭。廣雅云。或謂之簙毒。或謂之夗專。夗於辯反。專音轉。或謂之匴璇。或曰竹器所以整頓簙者。銓旋兩音。或謂之棊。所以投簙謂之枰。評論。或謂之廣平。所以行棊謂之局。或謂之曲道。

圍棊謂之弈。自關而東齊魯之間皆謂之弈。

輶軒使者絕代語釋別國方言第五

聳 將〔將〕

聳 䏁

輶軒使者絶代語釋別國方言第六

聳、〔三五〕將、欲也。皆强欲也。荆吳之間曰聳。晉趙曰將。自關而西秦晉之間相勸曰聳。或曰將。中心不欲而由旁人之勸語亦曰聳。凡相被飾亦曰將。

聳、䏁、聾也。半聾。梁益之間謂之䏁。言胎䏁煩憒也。音宰。秦晉之間聽而不聰、聞而不達謂之䏁。生而聾。陳楚江淮之間謂之聳。言無所聞常聳耳也。荆揚之

聵　聠〔聵〕　陂 傜　由 迪　憞 怂

間及山之東西雙聾者謂之聳。聾之甚者，秦晉之間謂之聵。五刮反。言聵無所聞知也。外傳聾聵司火。音蒯聵。吳楚之外郊凡無有耳者亦謂之聵。其言聠者〔三六〕，若秦晉中土謂墮耳者明也。五刮反。

陂、偏頗。傜、逍遥。袤也。陳楚荊揚曰陂。自山而西凡物細大不純者謂之傜。言傜也。

由迪、正也。東齊青徐之間相正謂之由迪。

憞、音腆。怂、人力反。又女六反。慙也。荊揚青徐之間曰憞。

若梁益秦晉之間言心内慙矣。山之東西自愧曰恧。小爾雅曰：心愧爲恧。趙魏之間謂之聉。音密，亦祕。

寋、音蹇。展，難也。齊晉曰寋。山之東西凡難貌曰展。荆吴之人相難謂之展，若秦晉之言相憚矣。齊魯曰燀。燀難而雄也。昌羨反。

胥、由、輔也。胥、相也。由、正。皆謂輔持也。吴越曰胥。燕之北鄙曰由。

蛩烘，戰慄也。鞏恭兩音。荆吴曰蛩烘。蛩烘，又恐也。

鋏鍾　鈴龕　受　矔眮　逴騷䠋　㾰嗌

鋏吐本反。鍾直反。重也。東齊之間曰鋏。宋魯曰鍾。

鈴音含。龕受也。今云龕囊，依此名也。齊楚曰鈴。揚越曰龕。

受盛也。猶秦晉言容盛也。

矔慣習。眮徒侗。轉目也。梁益之間瞋目曰矔。轉目顧視亦曰矔。吳楚曰眮。

逴勑略反。騷先牢反。䠋蹇也。跛者行跛踔也。吳楚偏蹇曰騷。齊楚晉曰逴。行略逴也。

㾰音斯。嗌惡介反。噎也。皆謂咽痛也。音翳。楚曰㾰。秦晉或

噎　怠陁　埕墊　伆邈越遠　顛頂　誣淹淹与

曰嗌。又曰噎。

怠、陁，壞也。謂壞落也。音虫豸。未曉。

埕、音涅。墊，丁念反。下也。凡柱而下曰埕，屋而下曰墊。

伆、邈，離也。謂乖離也。音刎。楚謂之越，或謂之遠，吳越曰伆。

顛、頂，上也。

誣、淹，与也。乙劒反。吳越曰誣，荊齊曰淹与，猶秦晉言阿与。相阿与者，所以致誣淹也。

掩索　狚　矊略　遥廣　汩〔汩〕遥　蹇妯

掩、索，取也。自關東曰掩，自關而西曰索，或曰

狚，但伺也。

矊、烏拔反。略，音略。視也。東齊曰矊，吳揚曰略。今中國亦云目略也。凡以目相戲曰矊。

遥、廣，遠也。梁楚曰遥。

〔三七〕汩、遥，疾行也。汩汩，急貌也。于筆反。南楚之外曰汩，或曰遥。

蹇、妯，擾也。謂躁擾也。妯音迪。人不靜曰妯，秦晉曰蹇，齊宋曰妯。

絓挈儝介傑

雙椉

台既

既隱據

稟浚

悛懌

絓、音乖。挈、口八反。儝、古煢字。介、特也。楚曰儝。晉曰絓。秦曰挈。物無耦曰特。獸無耦曰介。傳曰逢澤有介麋。

飛鳥曰雙。鴈曰椉。

台、既、失也。宋魯之間曰台。

既、隱、據、定也。

稟、浚、敬也。秦晉之間曰稟。齊曰浚。吳楚之間自敬曰稟。

悛、音銓。懌、音奕。改也。自山而東或曰悛。或曰懌。論

坻〔坻〕坦〔坦〕　偍用　鋪頒　參蠡離　廝披

曰。悅而不懌。

坻〔三八〕、水泜。坦〔三九〕、癉疸。場也。音傷。梁宋之間蚍蜉䵷鼠之場謂之坻。䵷鼠、蚡鼠也。螾場謂之坦。螾、蛐蟮也。其糞名坦。螾音引。

偍、用、行也。偍皆、行皃。度揩反。朝鮮洌水之間或曰偍。

鋪頒、索也。東齊曰鋪頒，猶秦晉言抖藪也。謂斗藪。舉索物也。鋪音敷。

參、蠡、分也。謂分割也。音麗。齊曰參，楚曰蠡，秦晉曰離。

廝、披、散也。東齊聲散曰廝，器破曰披，秦晉聲

璺 𢻎

緍 緜

緍 緜

悀 偪

傒醯 冉鐮

變曰廝。器破而不殊其音亦謂之廝。器破而未離謂之璺。音問。南楚之間謂之𢻎。妨美反，一音把塞。

緍、緜，施也。秦曰緍，趙曰緜。吳越之間脫衣相被謂之緍緜。相覆及之名也。音旻。

悀、音踊。偪，妨逼反。滿也。凡以器盛而滿謂之悀。言涌出也。腹滿曰偪。言勅偪也。

傒醯、醯，酢。冄鐮，冄，音髯。危也。東齊掎物而危謂之傒醯。掎，一居、一衣反。為物謂之冄鐮。

紕繹督雉

弞呂

𨃅膂

瘱諦

䛷諦

揞揜錯摩

紕、音毗。繹、音亦。督、雉、理也。秦晉之間曰紕。凡物曰督之。言正理也。絲曰繹之。言解繹也。

弞、呂、長也。古矧字。東齊曰弞，宋魯曰呂。

𨃅、膂、力也。東齊曰𨃅，律𨃅，多力皃。宋魯曰膂。膂、田力也。謂耕墾也。

瘱、埋也。又翳。諦、爪蔕。審也。齊楚曰瘱，秦晉曰諦。

䛷、音翳。諦、亦音蔕。諟也。亦審諟。互見其義耳。音帝。吳越曰䛷諦。

揞、烏感反。揜、錯、音酢。摩、滅也。荆楚曰揞，吳揚曰揜。

抾摸　舒勃　摳揄旋　絚筳絚竟　擱剿

周秦曰錯陳之東鄙曰摩。
抾摸、去也。齊趙之總語也。抾摸猶言持去也。
舒勃、展也。東齊之閒凡展物謂之舒勃。
摳揄、旋也。秦晉凡物樹稼早成熟謂之旋。燕齊之間謂之摳揄。
絚、冏鄧反。筳、湯丁反。竟也。秦晉或曰絚。或曰竟。楚曰筳。
擱、音劉。剿、音妄。續也。秦晉續折謂之擱。繩索謂

紉　閻笘〔苫〕闓　杼柚　厲卬　戲憚　爰嗳

之剿。

擘音檗。楚謂之紉。今亦以線貫針爲紉。音刃。

閻笘〔四〕、開也。東齊開戶謂之閻苫，楚謂之闓。亦開字也。

杼、柚，作也。東齊土作謂之杼，木作謂之柚。

厲、卬，爲也。爾雅曰：俶、厲，作也。作亦爲也。甌越曰卬，吳曰厲。

戲、憚，怒也。齊曰戲，楚曰憚。

爰、嗳，恚也。謂悲恚也。楚曰爰，秦晉曰嗳，皆不欲譍而強畣之意也。

傁艾　公　翁父父老　媓母㚇　父㚇　巍峣崝嶮　猒塞　㥄憮

傁、艾，長老也。東齊魯衛之間凡尊老謂之傁，或謂之艾。禮記曰：五十爲艾。周晉秦隴謂之公，或謂之翁。南楚謂之父，或謂之父老。南楚瀑洭之間，瀑洭水在桂陽。音暴、匡兩音。母謂之媓，謂婦妣曰母㚇。音多。

稱㜸考曰父㚇。古者通以考妣爲生存之稱。

巍、峣、崝、嶮，高也。嶕嶢、崝嵤、[redacted]高峻之皃也。

猒、塞，安也。物足則定。

㥄、音凌。憮，亡主反。憐也。

掩翳

佚惕〔愓〕

掩、翳、薆也。謂蔽薆也。詩曰：薆而不見。音愛。

佚〔四二〕惕、緩也。跌唐兩音。

輶軒使者絕代語釋別國方言第六

諄憎　杜蹻　佻抗　發稅

輶軒使者絶代語釋別國方言第七

諄憎，所疾也。之潤反。宋魯凡相惡謂之諄憎。若秦晉言可惡矣。

杜、蹻，歰也。趙曰杜。今俗語通言歰如杜，杜梨子歰，因名之。山之東西或曰蹻。郄蹻，燥歰貌。音笑謔。

佻、抗，縣也。趙魏之間曰佻。自山之東西曰抗。燕趙之郊縣物於臺之上謂之佻。了佻，縣物貌。丁小反。

發稅、舍車也。舍，宜音寫。東齊海岱之間謂之發。今

肖類　哨　憎懹　譙讙　譙讓

言發寫也。宋趙陳魏之間謂之稅。稅猶脫也。

肖、類，法也。齊曰類，西楚梁益之間曰肖。秦晉之西鄙自冀隴而西冀縣今在天水。使犬曰哨。音騷。西南梁益之間凡言相類者亦謂之肖。肖者似也。

憎、懹，憚也。相畏憚也。陳曰懹。

譙、字或作誚。讙、火袁反讓也。齊楚宋衛荆陳之間曰譙。自關而西秦晉之間凡言相責讓曰譙讓。北燕曰讙。

僉胥　侔莫　倸倯　展惇　斯掬

僉、胥、皆也。自山而東五國之郊曰僉。六國唯秦在山西。東齊曰胥。

侔莫、強也。北燕之外郊凡勞而相勉若言努力者謂之侔莫。

倸倯、罵也。羸小可憎之名也。倸音卬竹。燕之北郊曰倸倯。

展、惇、信也。東齊海岱之間曰展，燕曰惇。惇亦誠信皃。

斯、掬、離也。齊陳曰斯。燕之外郊朝鮮洌水之間曰掬。

蝎噬逮

皮傅(傅)彈憸

膊(膊)曬晞

蝎、音曷。噬、卜筮。逮也。東齊曰蝎。北燕曰噬。逮、通語也。

皮傅、彈憸、強也。謂強語也。音僉。秦晉言非其事謂之皮傅。東齊陳宋江淮之間曰彈憸。

膊、普博反。曬、霜智反。晞、暴也。東齊及秦之西鄙言相暴僇為膊。暴僇謂相暴磔惡事。音膊脯。燕之外郊朝鮮洌水之間凡暴肉發人之私、披牛羊之五藏謂之膊。暴五穀之類。秦晉之間謂之曬。東齊

熬聚煎僃鞏

胹飪亨爛糦酋酷

北燕海岱之郊謂之睎。

熬、聚、即䰈字也。創眇反。煎、僃、皮力反。鞏、火乾也。凡以火而乾五穀之類，自山而東齊楚以往謂之熬。關西隴冀以往謂之僃。秦晉之間或謂之聚。凡有汁而乾謂之煎。東齊謂之鞏。拱手。

胹、而。飪、荏。亨、爛、糦、熾。酋、囚。酷、熟也。自關而西秦晉之郊曰胹。徐揚之間曰飪。嵩嶽以南陳潁之間曰亨。自河以北趙魏之間火熟曰爛。

熟

氣熟曰糦。久熟曰酋。穀熟曰酷。熟，其通語也。

魏盈

魏盈，怒也。魏，上巳音。燕之外郊朝鮮洌水之間凡言呵叱者謂之魏盈。

䟫𨅊　隑企

䟫𨅊，音務。隑企，欺豉反。立也。東齊海岱北燕之郊跪謂之䟫𨅊。今東郡人亦呼長跽爲䟫𨅊。委痿謂之隑企。脚躄不能行也。

霑漬（漬）

瀧涿謂之霑漬。瀧涿猶瀨滯也。音籠。

希鑠

希、鑠，摩也。燕齊摩鋁謂之希。音慮。

平均　離羅　釗超　漢漫(漫)賑眩　憐職　茹

平均、賦也。燕之北鄙、東齊北郊凡相賦斂謂之平均。

羅謂之離，離謂之羅。皆行列物也。

釗、超、遠也。釗，上巳音。燕之北郊曰釗，東齊曰超。

漢漫、賑眩、懣也。賑音瞋恚。朝鮮洌水之間煩懣謂之漢漫，顛眴謂之賑眩。眩音懸。

憐職、愛也。言相愛憐者，吳越之間謂之憐職。

茹、食也。吳越之間凡貪飲食者謂之茹。今俗呼[illegible]

第七

粗食者爲茹。音勝如。

眴貌

眴、貌、治也。謂治作也。眴、恪垢反。吳越飾貌爲眴，或謂之

巧

巧。語楚聲轉耳。

煦煆

煦、州呼。煆、呼夏反。熱也，乾也。熱則乾熜。吳越曰煦煆。

攍膂賀𦡡

攍、音盈。膂、賀、𦡡、儋也。今江東呼擔兩頭有物爲𦡡。音鄧。齊楚陳宋之間曰攍。莊子曰攍粮而赴之。燕之外郊越之垂甌吳之外鄙謂之膂。擔者用膂力。因名云。南楚或謂之攍。自關而西隴冀以往謂之賀。今江東語亦然。凡以驢

負他　樹植　涉濟　祓戩　傺眙　逗

馬駝載物者謂之負他。音大。亦謂之賀。樹植、立也。燕之外郊朝鮮洌水之間凡言置立者謂之樹植。

過度謂之涉濟。猶今云濟度。

福祿謂之祓戩。廢箭兩音。

傺、音際。眙、勑吏反。逗也。逗即今住字也。南楚謂之傺，西秦謂之眙。眙謂住視也。西秦、酒泉、燉煌、張掖是也。逗、其通語也。

第七

輶軒使者絶代語釋别國方言第七

李父　李耳　於䖘　伯都　𧳋　豾狸

猶軒使者絕代語釋別國方言第八

虎，陳魏宋楚之間或謂之李父，江淮南楚之間謂之李耳。虎食物值耳即止，以觸其諱故。或謂之於䖘。於音烏。今江南山夷呼虎爲䖘，音狗竇。自關東西或謂之伯都。俗曰伯都事抑虎說。

貔，貍別名也，音毗。陳楚江淮之間謂之𧳋，音來。北燕朝鮮之間謂之豾，今江南呼爲豾貍，音丕。關西謂之貍。此通名耳。貔，未聞語所出。

第八

貒　鸊鷉(鷈)　割雞　鸐　抱　鷇　涅　豭　彘　豕　豨　豚　貕　豬子

貛，豚也。音歡。關西謂之貒。波湍。雞，陳楚宋魏之間謂之鸊鷉，避祇兩音。桂林之中謂之割雞，或曰鸐。音從。北燕朝鮮洌水之間謂伏雞曰抱。房奧反。江東呼蓲。央富反。爵子及雞雛皆謂之鷇。恪遘反。關西曰鷇。音顧。其卵伏而未孚始化謂之涅。豬，北燕朝鮮之間謂之豭。猶云豭斗也。關東西或謂之彘，或謂之豕，南楚謂之豨。其子或謂之豚，或謂之貕，音奚。吳揚之間謂之豬子。其檻及

橧　結詰　擊穀 布穀　定甲 獨舂　城旦 倒懸　鴠鴠 鶡鴠　鵖鷎

蓐曰橧。爾雅曰：所寢，橧。音繒。

布穀，自關東西梁楚之間謂之結誥，周魏之間謂之擊穀，自關而西或謂之布穀。今江東呼爲穫穀。

鶡鴠，鳥似雞，五色，冬無毛，赤倮，晝夜鳴。侃旦兩音。周魏齊宋楚之間謂之定甲，或謂之獨舂。好自低仰。自關而東謂之城旦，言其辛苦有似於罪禍者。或謂之倒懸，好自懸於樹也。或謂之鴠鴠，自關而西秦隴之内謂之鶡鴠。

鳩，自關而東周鄭之郊韓魏之都謂之鵖音

第八　九七

鸊鷎　鵴鳩　鳻鳩　⿰徭鳥〔⿰役鳥〕鳩　⿰癸鳥鳩　⿰矛鳥鳩　鶻鳩　鷦鳸　鶝⿰丕鳥〔鴀〕　戴鵀　戴南　鶭鷝

鷎。音皋。其⿰役鳥鳩謂之鸊鷎。自關而西秦漢之間謂之鵴鳩。菊花。其大者謂之鳻鳩。音班。其小者謂之⿰務鳥鳩〔四二〕。今荆鳩也。或謂之⿰癸鳥鳩。音葵。或謂之⿰矛鳥鳩。音浮。或謂之鶻鳩。梁宋之間謂之鷦鳸。

尸鳩。按。爾雅即布穀。非戴勝也。或云鸇。皆失之也。燕之東北朝鮮洌水之間謂之鶝⿰丕鳥〔四三〕。福不兩音。自關而東謂之戴鵀。東齊海岱之間謂之戴南。南猶鵀也。此亦語楚聲轉也。或謂之鶭鷝。案。爾雅說戴鵀。下鶭鷝自別一鳥名。方言似依此義。

戴鳻 戴勝
鵀 服鶝
鶝鶝 䳜
服翼 飛鼠
老鼠 譽鼠
蝙蝠 蟙蟔
鴚鵝 鵝
鶬鴚

又矣也。或謂之戴鳻。或謂之戴勝。勝所以纏紝。東齊吳揚之間謂之鵀。自關而西謂之服鶝。或謂之鶝鶝。燕之東北朝鮮洌水之間謂之䳜。音或。

蝙蝠。邊福兩音。自關而東謂之服翼。或謂之飛鼠。或謂之老鼠。或謂之譽鼠。自關而西秦隴之間謂之蝙蝠。北燕謂之蟙蟔。職墨兩音。

鴈。自關而東謂之鴚鵝。音加。南楚之外謂之鵝。或謂之鶬鴚。今江東通呼為鴚。

工爵　過鸁　女鴎　鷯鳩　桑飛　懱爵　創鶊　驪黄　黄鳥　楚雀　鷿鷉　鶻蹏

桑飛。即鷦鷯也。又名鷦鸎。自關而東謂之工爵，或謂之過鸁。音螺。或謂之女鴎。今亦名爲巧婦，江東呼布母。自關而東謂之鷯鳩。案：爾雅云：鷯鳩，鶌鶻鵃屬。非此小雀明矣。竊玦兩音。自關而西謂之桑飛，或謂之懱爵。言懱截也。

驪黄自關而東謂之創鶊。又名商庚。自關而西謂之驪黄，其色黧黑而黄，因名之。或謂之黄鳥，或謂之楚雀。

野鳧其小而好沒水中者，南楚之外謂之鷿鷉。鷿音指辟。鷉音他奚反。大者謂之鶻蹏。滑蹄兩音。

守宮 蠦蠷
蜤易 易蜴
蛇醫 蠑螈
螔蟔
祝蜓
蛤解
鼸

守宮。秦晉西夏謂之守宮，或謂之蠦蠷。盧纏兩音。或謂之蜤易。南陽人呼蝘蜓。又其在澤中者謂之易蜴。音析。南楚謂之蛇醫，或謂之蠑螈。榮元兩音。東齊海岱謂之螔蟔。似蜥易大而有鱗，今所在通言蛇醫耳。斯侯兩音。北燕謂之祝蜓。音延。桂林之中守宮大者而能鳴謂之蛤解。似蛇醫而短，身有鱗采，江東人呼為蛤蚧。音頭頷。汝潁人直名為蛤鸍，音解，誤聲也。

宛野謂鼠為鼸。宛、新野，今皆在南陽。音錐。

秋侯子

雞雛。徐魯之間謂之秋侯子。子幽反。徐、今下邳僮縣東南大徐城是也。

輶軒使者絕代語釋別國方言第八

釫　鏔戈　鏝胡　鉤釫鏝胡　匽戟　柲　殳

輶軒使者絶代語釋别國方言第九

戟楚謂之釫。取名於鉤釫也。凡戟而無刃秦晉之間謂之釫。或謂之鏔。音寅。吳揚之間謂之戈東齊秦晉之間謂其大者曰鏝胡。泥鏝。其曲者謂之鉤釫鏝胡。即今雞鳴句孑戟也。

三刃枝。今戟中有小孑刺者。所謂雄戟也。南楚宛郢謂之匽戟。音偃。郢、今江陵也。余正反。其柄自關而西謂之柲。音祕。或謂之殳。音殊。

鍦　鋋　鏦矜　矢鍭　箭　鍴　杖　室

矛。吳揚江淮南楚五湖之間謂之鍦。（嘗虵反。五湖，今吳興太湖也。先儒處之多亦不了。所未能詳者。）或謂之鋋。（音蟬。）或謂之鏦。（漢書曰：鏦殺吳王。錯江反。）其柄謂之矜。（今字作槿。巨巾反。）

箭。自關而東謂之矢。江淮之間謂之鍭。（音侯。）關西曰箭。（箭者竹名。因以爲號。）

鑽謂之鍴。（音端。）

矜謂之杖。（矛戟槿。即杖也。）

劒削。自河而北燕趙之間謂之室。自關而東

廓 削 韠 㪗〔瞂〕 干 盾 畢 綦 轣 篌 䉀籠 箹

或謂之廓。或謂之削。自關而西謂之韠。方婢切。
盾。自關而東或謂之㪗[四]。音伐。或謂之干。干者，扞也。關
西謂之盾。
車下鐵。陳宋淮楚之間謂之畢。未詳。
大車謂之綦。鹿車也。音忌。
車轊。車軸頭也。干厲反。齊謂之轣。又名輐。
車枸簍。即車弓也。音縷。宋魏陳楚之間謂之篌。今呼車子
弓為篌。音巾幗。或謂之䉀籠。穹隆兩音。其上約謂之箹。即筭

簞　枸簍　樒　篷　隆屈　軑　軝　輟　軸　輈　輫

帶也。爪蹦。音或謂之簞[四五]。脉骼。秦晉之間自關而西謂之枸簍。西隴謂之樒。即春字。蒲晚反。南楚之外謂之篷。今亦通呼篷。或謂之隆屈。尾屈。

輪。車轄也。韓楚之間謂之軑。音大。或謂之軝。詩曰：約軝錯衡。音祇。關西謂之輟。音揔。

輑謂之軸。牛忿反。

輮。楚衛之間謂之輈。張由反。

箱謂之輫。音俳。

枕　緥　曲綯曲綸　紂　輨軑　鍊(鍊)鐼　鍋錕　釭

軫謂之枕。車後橫木。

車紂，自關而東周洛韓鄭汝潁而東謂之緥，音秋。或謂之曲綯，綯亦繩名。詩曰：宵尔索綯。或謂之曲綸。今江東通呼索綸。音倫。自關而西謂之紂。

輨、音管。軑、音大。鍊鐼，鍊音柬。鐼音度果反。關之東西曰輨，南楚曰軑，趙魏之間曰鍊鐼。

車釭，齊燕海岱之間謂之鍋，音戈。或謂之錕。衮衣。自關而西謂之釭，盛膏者乃謂之鍋。

拘腸　羊頭　錍　鈀　鉀鑪　飛䖟　平題　箙　鞬　皾　鶴厀

凡箭鏃胡合嬴者。胡，鏑在於喉下。嬴，邊也。四鐮廣稜也。或曰拘腸。三鐮者謂之羊頭。其廣長而薄鐮謂之錍。普蹄反。或謂之鈀。音葩。箭其小而長中穿二孔者謂之鉀鑪。今箭鉀鑿空兩邊者也。嗑嚧兩音。其三鐮長尺六者謂之飛䖟。此謂今射箭也。內者謂之平題。今戲射箭頭。題猶羊頭也。所以藏箭弩謂之箙。盛弩箭器也。外傳曰。檿弧箕箙。弓謂之鞬。鞬牛。或謂之皾。牛犢。凡矛骹細如鴈脛者謂之鶴厀。今江東呼為鈐釘。

鉤釪 釪 鈹 銎 釬 船舟 航舸 艖艒䑿

有小枝刃者謂之鉤釪。

矛或謂之釪。

鋑謂之鈹。今江東呼大矛爲鈹。鈹音彼。鋑音蟬。

骹謂之銎。即矛刃下口。音凶。

鐏謂之釬。音扞。或名爲鐓。音頓。

舟自關而西謂之船，自關而東或謂之舟，或謂之航。行伍。南楚江湘凡船大者謂之舸。姑可反。

小舸謂之艖。今江東呼艖小底者也。音叉。艖謂之艒䑿。目宿。

艇艜　艄　𦨴　欚篺筏　薦𦪇　浮梁　橈櫂　䉂緝

二音。小艒䑿謂之艇。艇長而薄者謂之艜。衣帶。短而深者謂之艄。今江東呼艖艄者。音囂。小而深者謂之𦨴。即長舼也。音邛竹。東南丹陽會稽之間謂艖爲欚。音禮。泭謂之篺。音敷。篺謂之筏。音伐。筏，秦晉之通語也。江淮家居篺中謂之薦。音符。方舟謂之𦪇。揚州人呼渡津航爲杭，荆州人呼尌。音橫。𦨶舟謂之浮梁。即今浮橋。楫謂之橈。如寮反。或謂之櫂。今云櫂歌，依此名也。所以隱櫂謂之䉂。搖撼小橛也。江東又名爲胡人。音獎。所以縣櫂謂之緝。

艣鼎　閤閭艗艏　舳　仡

繫櫂頭索也。所以刺船謂之艣。音高。維之謂之鼎。係船爲維。首謂之閤閭。今江東呼船頭屋爲之飛閭是也。或謂之艗艏。鷁，鳥名也。今江東貴人船前作青雀，是其像也。音六。後曰舳。今江東呼柂爲舳。音軸。舳，制水也。僞謂之仡。吾勃反。僞音訛。船動搖之皃也。仡，不安也。

輶軒使者絶代語釋别國方言第九

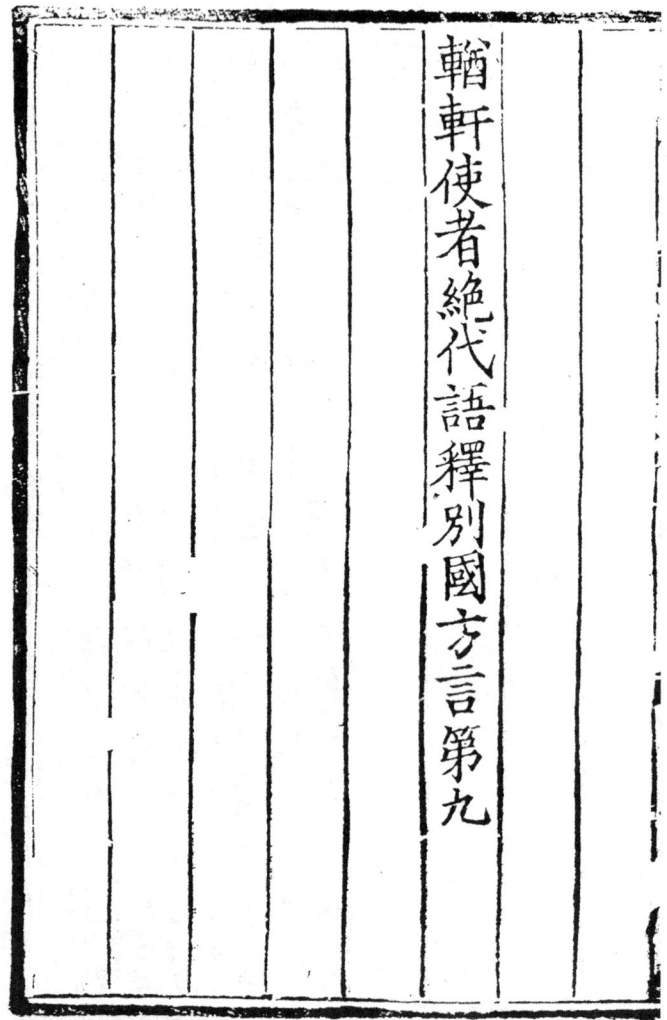

媱愓 嬉 曾訾 央亡嚜杘姡 無賴㺒

輶軒使者絶代語釋別國方言第十

媱、愓，遊也。江沅之間謂戲為媱，或謂之愓，（音羊）或謂之嬉。（香其反。）

曾、訾，何也。湘潭之原（潭，水名，出武陵。音潭，一曰淫。）荆之南鄙謂何為曾，或謂之訾。（今江東人語亦云訾，為聲如斯。）若中夏言何為也。

央亡、嚜杘、（嚜，音目；杘，丑夷反。）姡，（胡刮反。）獪也。江湘之間或謂之無賴，或謂之㺒。（恐恨、多智也。恪交反。）凡小兒多

猾　崽　誺　吂　⿰米此〔粃〕　煤

詐而獪謂之央亡。或謂之嘿屎。嘿屎、潛狡也。或謂之姡。言黠姡也。姡、娗也。言惆娗也。或謂之猾。音滑。皆通語也。

崽者、子也。崽音枲。聲之轉也。湘沅之會兩水合處也。音獪。凡言是子者謂之崽。若東齊言子矣。聲如宰。

誺、不知也。音癡眩。江東曰咨。此亦如聲之轉也。沅澧之間澧水今在長沙。音禮。凡相問而不知荅曰誺。使之而不肯荅曰吂。音茫。今中國語亦然。〔四六〕粃、不知也。今淮楚間語。呼聲如非也。

煤、火也。呼隗反。楚轉語也。猶齊言焜火也。音毀。

嘳 無寫
思
人兮
婩 嬇(嫧) 鮮
囒哰 謰謱
支註

嘳、無寫，憐也。（皆[redacted]之代語也。音蒯。）沅澧之原凡言相憐哀謂之嘳，或謂之無寫，江濱謂之思。（濱，水邊也。）皆相見驩喜有得亡之意也。九嶷湘潭之間謂之人兮。（九嶷，山名。今在零陵營道縣。）

婩、（魚踐反。）嬇、（音榮。）鮮，好也。南楚之外通語也。

囒哰、（闌牢二音。）謰謱，（上音連，下力口反。）拏也。（言譇拏也。奴加反。）東齊周晉之鄙曰囒哰。囒哰亦通語也。（平原人好囒哰。）南楚曰謰謱，或謂之支註，（支，之豉反。註音注。）或謂

詁謕拏　惹譫　䫄嗇(嗇)　恪　遙窕　潛涵

之詁謕。上託兼反。下音啼。轉語也。拏、揚州會稽之語也。或謂之惹。言情惹也。汝邪反。一音若。或謂之譫。言誣譫也。

䫄、嗇、貪也。謂慳貪也。音懿。荊汝江湘之郊凡貪而不施謂之䫄。亦中國之通語。或謂之嗇。或謂之恪。恪、恨也。慳者多情恨也。

遙、窕、滛也。九嶷荊郊之鄙謂滛曰遙。言心遙蕩也。沅湘之間謂之窕。窈窕、治容。

潛、涵、沉也。楚郢以南曰涵。音含。或古南反。或曰潛。潛

家安　拌　敲役　詠(詠)　戲泄戲泄奄　攓

又遊也。潛行水中亦爲游也。

家、安靜也。江湘九嶷之郊謂之家。

拌、棄也。音伴。又普槃反。楚凡揮棄物謂之拌。或謂之敲。恪校反。今汝潁間語亦然。或云撅也。淮汝之間謂之役。江東又呼撅。音蹷。又音犳音豹。

詠、憩也。詠譆亦通語也。楚以南謂之詠。

戲、泄、歇也。楚謂之戲。音義。泄、奄、息也。楚揚謂之泄。

攓、取也。音騫。一曰蹇。楚謂之攓。

昲曬　茦　突　迹迹屑屑　塞塞省省　澗沐征伀

昲、曬、乾物也。揚楚通語也。昲音費。亦皆北方常語耳。或云曬。茦、猝也。謂倉卒也。音斐。江湘之間凡卒相見謂之茦相見或曰突。他骨反。迹迹、屑屑、不安也。皆往來之皃也。江沅之間謂之迹迹。秦晉謂之屑屑、或謂之塞塞、或謂之省省不安之語也。澗沐、音闊。征伀、遑遽也。江湘之間凡窘猝怖遽謂之澗沐。喘嗜皃也。或謂之征伀。

翥　忸怩　慼咨　垤封　讁　衇　膊（膞）　䝢〔劙〕

翥、舉也。謂軒翥也。楚謂之翥。

忸怩、慙歰也。歰猶苦者。楚郢江湘之間謂之忸怩。或謂之慼咨。子六、莊伊二反。

垤、封、塲也。楚郢以南蟻土謂之垤。垤中齊語也。

讁、過也。謂罪過也。音賾。亦音適。罪罰也。南楚以南凡相非議人謂之讁。或謂之衇。血脈。衇又慧也。今名黠鬼衇。

膊、兄也。此音義所未詳。荆揚之鄙謂之膊。桂林之中謂之䝢〔四七〕。

讓極軋　歰　呰矲　鮆癠(𤻮)　府　鉗疲憋　癡

讓、極、吃也。楚語也。亦北方通語也。或謂之軋。鞅軋、氣不利也。烏八反。或謂之歰。語歰難也。今江南又名吃爲喋。若葉反。呰、昨啓反。矲、蒲楷反。短也。江湘之會謂之呰。凡物生而不長大亦謂之鮆。又曰癠。今俗呼小爲癠。音薺菜。桂林之中謂短矲。言矲偕也。矲通語也。東陽之間謂之府。言俯視之。因名云。

鉗、鉗害、又惡也。疲、疲恎、惡腹也。妨反反。憋、憋怤、急性也。妨滅反。惡也。南楚凡人殘罵謂之鉗。殘猶惡也。又謂之疲。癡、騃也。

眲　斫　惃　愁　頓愍(愍)　氐惆

吾駭反。揚越之郊凡人相侮以爲無知謂之眲。諸革反。眲、耳目不相信也。因字名也。或謂之斫。斫郄。斫、頑直之皃。今關西語亦皆然。

惃、衮衣。愁、音敎。頓愍、惛也。謂迷昏也。楚揚謂之惃，或謂之愁。江湘之閒謂之頓愍。頓愍猶頓悶也。或謂之氐惆。丁弟、丁牢二反。南楚飲毒藥懣謂之氐惆，亦謂之頓愍。猶中齊言眠眩也。愁恚憒憒、毒而不發謂之氐惆。氐惆猶懊憹也。

悅舒　眠娗　脉蜴　賜施　茭媞　譠謾　㥏忚　瀕頟顏　顙　頷頤

悅、舒、蘇也。謂蘇息也。楚通語也。

眠娗、莫典、塗殄二反。脉蜴、音析。賜施、輕易。茭媞、恪挍、得懈二反。譠謾、託蘭、莫蘭二反。㥏忚、麗醯二音。皆欺謾之語也。楚郢以南東揚之郊通語也。六者亦中國相輕易蚩弄之言也。

瀕、頟、顏、顙也。湘江之間謂之瀕。今建平人呼頟為瀕。音旃裘。中夏之謂頟，東齊謂之顙，汝潁淮泗之間謂之顏。

頷、頤、頜也。謂頷車也。南楚謂之頷。亦今通語爾。秦晉謂之頷頤，其通語也。

紛怡，喜也。湘潭之間曰紛怡，或曰巸巳。（嬉怡二音。）

㴲，或也。（酒酣。）沅澧之間凡言或如此者曰㴲如是。（亦此憨聲之轉耳。）

愮、療，治也。江湘郊會謂醫治之曰愮。（俗云厭愮病，音曜。）愮又憂也。（博異義也。）或曰療。

芔（凶位反。）莽（嫫母反。），草也。東越揚州之間曰芔，南楚曰莽。

惐(㥄)鰓　乾都　耇　草(革)
㧉抌
揔
攩
食閻　慫慂

惐鰓、惐音良愇。鰓音魚鰓。乾都、音干。耇、音始。草、老也。皆老者皮色枯瘁之形也。皆南楚江湘之間代語也。凡以異語相易謂之代也。
㧉、揰祓。抌、都感反。亦音甚。推也。南楚凡相推搏曰㧉，或曰揔。苦骨反。沅湧澆幽之語。澆水今在桂陽。音扶。涌水今在南郡華容縣也。或曰攩。今江東人亦名推爲攩。音晃。
食閻、音鹽。慫慂、上子竦反。下音涌。勸也。南楚凡己不欲喜而旁人說之、不欲怒而旁人怒之謂之食閻，或謂之慫涌。

欸　䜳

緤末紀端

睃䝤闚貼占伺

覗

欸、音醫。或音塵埃。䜳、皃鷖。然也。南楚凡言然者曰欸，或曰䜳。

緤、末、紀、緒也。南楚皆曰緤，音薛。或曰端，或曰紀，或曰末，皆楚轉語也。

睃、音揔。䝤、音麗。闚、貼、勑纖反。占、伺、視也。凡相竊視南楚謂之闚，或謂之睃，或謂之貼，或謂之占，或謂之䝤。䝤、中夏語也。亦言睇也。闚、其通語也。自江而北謂之貼，或謂之覗。凡相候謂之占，占猶

䝯 𧳅 晠

抯 摣（摣）

柤〔抯〕樝〔摣〕

仉 僄

瞻也。

䝯、惡孔反。𧳅、奴動反。晠、多也。南楚凡大而多謂之䝯。或謂之𧳅。凡人語言過度及妄施行亦謂之𧳅。

抯、相黎反。摣、以加反。取也。南楚之間凡取物溝泥中謂之柤。或謂之樝。〔四八〕

仉、音汎。僄、飄零。輕也。楚凡相輕薄謂之相仉。或謂之僄也。

卷終

螇螰　蛥蚗　蛉蛄　蟪蛄　虭蟧　蝭蟧　蜓蚞　蜩　螗蜩　蜋蜩　蟬　蛴

輶軒使者絶代語釋別國方言第十一

蛥蚗。蛥音折。蚗，于列反。一音玦。齊謂之螇螰，奚鹿二音。楚謂之蟪蛄。莊子曰，蟪蛄不知春秋也。或謂之蛉蛄。音零。秦謂之蛥蚗。自關而東謂之虭蟧，貂料二音。或謂之蝭蟧。音帝。或謂之蜓蚞。廷木二音。西楚與秦通名也。江東人呼蟓蟧。

蟬，楚謂之蜩。音調。宋衛之間謂之螗蜩，今胡蟬也。似蟬而小，鳴聲清亮。江南呼螗蛦。陳鄭之間謂之蜋蜩，音良。秦晉之間謂之蟬，海岱之間謂之蛴。齊人呼為巨蛴。音技。其

蟧 蝒馬　麥蚻　蜻蜻　疋〔尐〕䗃　蜺 蠚蜩 寒蜩　杜蛒 螻蛄

大者謂之蟧或謂之蝒馬。按爾雅云。蝒馬者蜩。非別名蝒馬也。此方言誤耳。其小者謂之麥蚻。如蟬而小。青色。今關西呼麥蠽。音癰癥之癥。有文者謂之蜻蜻。即蚻也。爾雅云耳。其鴜蜻謂之疋。〔四九〕祖一反。大而黑者謂之䗃。音棧。黑而赤者謂之蜺。雲霓。蜩蟧謂之蠚蜩。江東呼為蠚蠽也。軈謂之寒蜩。寒蜩、瘖蜩也。按爾雅以蜺為寒蜩。月令亦曰。寒蜩鳴。知寒蜩非瘖者也。此諸蟬名通出爾雅。而多駮雜。未可詳據也。寒蜩。螿也。似小蟬而色青。軈音應。

蛄詣謂之杜蛒。音格。螻螲謂之螻蛄。音室塞。或謂

蟓蛉　杜狗　蛞螻
蟋蟀　蛬
虰孫
髦虰
蛘蛘
强蛘
蚮

之蟓蛉。象鈴二音。南楚謂之杜狗，或謂之蛞螻。

蜻蛚。即趨織也。精列二音。楚謂之蟋蟀，或謂之蛬。梁園呼蛬，音鞏。南楚之間謂之虰孫。孫一作絲。

螳蜋謂之髦。有斧蟲也。江東呼爲石蜋，又名齕肬。或謂之虰。按爾雅云：螳蜋，蛑。虰義自應下屬。方言依此說，失其指也。或謂之蛘蛘。

姑蠪謂之强蛘。米中小黑甲虫也。江東名之蛪，音加。建平人呼芊子，音芊。芊即姓也。

蟒。即蝗也。莫鯁反。宋魏之間謂之蚮，音貸。南楚之外謂

蟅蟒　蟒螣

之蟅蟒。蟅音近詐。亦呼吒蛨。或謂之蟒。或謂之螣。音滕。

蝍蛉

蜻蛉謂之蝍蛉。六足四翼虫也。音靈。江東名爲狐黎。淮南人呼蠊蚜。蠊音康。蚜音伊。

蜙蝑

春黍謂之蜙蝑。蜙音聳。蝑音壞沮反。又名蚣蜙。江東呼虴蛨。

蚇蠖

蟦蜮謂之蚇蠖。即踧二音。蠖烏郭反。又呼步屈。

蠓螉　蠮〔蠮〕螉

蠭燕趙之閒謂之蠓螉。蒙翁二音。其小者謂之蠮〔五〇〕

蚴蜕

螉。小細腰蠭也。音鯁噎。或謂之蚴蜕。幽悅二音。其大而蜜謂

壺蠭

之壺蠭。今黑蠭穿竹木作孔亦有蜜者。或呼笛師。

羊　蠅　蚼蟓　玄蚼 蛾蛘(蛘)　蚳　蛭　蟦 蝤蟦

蠅東齊謂之羊。此亦語轉耳。今江東人呼羊聲如蠅。凡此之類皆不宜别立名也。陳楚之間謂之蠅。自關而西秦晉之間謂之蠅。

蚍蜉。蚍浮二音。亦呼蟞蜉。齊魯之間謂之蚼蟓。駒養二音。西南梁益之間謂之玄蚼。法言曰玄駒之步。是。燕謂之蛾蛘。蛾養二音。建平人呼蚳。音侈。其場謂之坻。直尸反。或謂之蛭。亦言冢也。

蠀螬謂之蟦。翡翠反。自關而東謂之蝤蠀。猶餈兩音。

蛬蠾　蝖螜
蛒蝎
蛭蛒　蠹　天螻
螾䗃　入耳
⿰虫長⿰虫麗　蚨虷
⿰虫丑蚭
鼅鼄

或謂之蛬蠾。書卷。或謂之蝖螜。亦呼當齊。或呼虵蠶。或呼蟦螬。
喧斛兩音。梁益之間謂之蛒。音格。或謂之蝎。或謂之
蛭蛒。音質。秦晉之間謂之蠹。或謂之天螻。按爾雅云。
螜、天螻。謂螻蛄耳。而方言以爲蝎。未詳其義也。四方異語而通者也。
蚰蜒。由延二音。自關而東謂之螾䗃。音引。或謂之入
耳。或謂之⿰虫長⿰虫麗。音麗。趙魏之間或謂之蚨虷。扶于
二音。北燕謂之⿰虫丑蚭。⿰虫丑、奴六反。蚭、音尼。江東又呼蛩。音鞏。
鼅鼄、知株二音。鼄蝥也。音無。自關而西秦晉之間謂

鼄蝥　蠾蝓　蝳蜍　蟝螿　蛆蟝　馬蚰

之鼄蝥。今江東呼蝃蝥。音掇。自關而東趙魏之郊謂之鼅鼄。或謂之蠾蝓。蠾蝓二音。燭臾。蠾蝓者、侏儒語之轉也。北燕朝鮮洌水之間謂之蝳蜍。齊人又呼社公。亦言周公。音毒餘。

蜉蝣。浮由二音。秦晉之間謂之蟝螿。似天牛而小。有甲角。出糞土中。朝生夕死。

馬蚿。音弦。北燕謂之蛆蟝。蝎、蛆。其大者謂之馬蚰。音逐。今關西云。

輶軒使者絶代語釋別國方言第十一

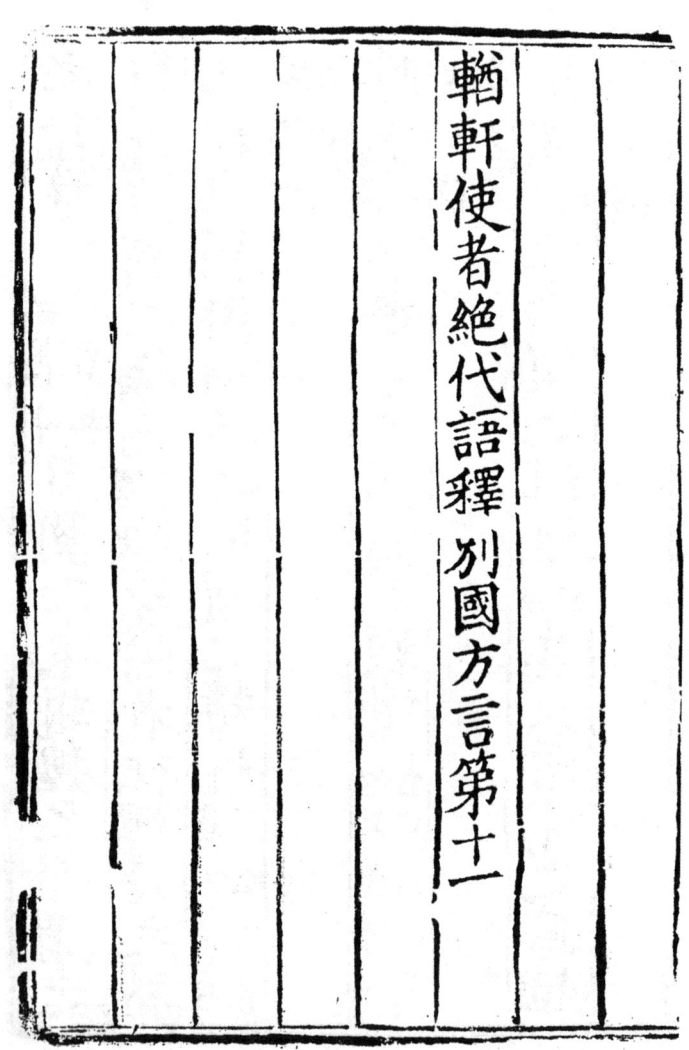

爰喛 儒輸 愋諒 拊撫 菲惄 鬱熙 娋孟

輶軒使者絶代語釋別國方言第十二

爰、喛、哀也。喛、哀而恚也。音段。

儒輸、愚也。儒輸、猶儒撰也。

愋、諒、知也。

拊、撫、疾也。謂急疾也。音府。

菲、惄、悵也。謂惋惆也。音翡。

鬱、熙、長也。謂壯大也。音怡。

娋、孟、姉也。外傳曰。孟啖我。是也。今江東山越間呼姉聲如市。此因字誤遂俗也。

築娌　娌　⿰石嬴裔　躔逡　躔歷逡　逭遁　𨗦虞

娟音義未詳。

築娌、匹也。今關西兄弟婦相呼爲築里。度六反。廣雅作妯。

娌、耦也。

⿰石嬴、裔、習也。謂玩習也。音盈。

躔、度展反。逡、逡巡。循也。

躔、歷、行也。躔猶踐也。日運爲躔，月運爲逡。運猶行也。

逭、音換。亦管反。遁、陽六反。轉也。逭、遁、步也。轉相訓耳。

𨗦、虞、望也。今云烽火是也。

榆楕　解輸　賦與　鎣〔濫〕歇　潎澂　逯遡(遡)　墾牧　牧

榆、楕、脫也。

解、輸、梲也。梲猶脫耳。

賦、與、操也。謂操持也。

〔五二〕鎣、音鹿。歇、泄乞。涸也。謂渴也。音鶴。

潎、妨計反。澂、音澄。清也。

逯、音鹿。亦錄。遡、音素。行也。

墾、牧、司也。墾、力也。耕墾用力。

牧、飤也。謂放飤牛馬也。

監牧　奞　鋪脾　攘掩　幕　侗胴　疋杪　肖往

監、牧，察也。

奞，始也。奞，化也。別異訓也。音歡。

鋪、脾，止也。義有不同，故異訓之。鋪，妨孤反。

攘、掩，止也。

幕，覆也。

侗他動反。、胴，挺挏。狀也。謂形狀也。

疋、杪，小也。樹細枝爲杪也。

肖、往，勞也。肖肖、往來，皆劬勞也。

屑性　效烓　潌〔瀁〕將　嫣娗　儇虔　佻　鞅侼　鞅侼

屑、惟、王相。獪也。市儈。

效、音皎。烓、口類反。明也。

〔五二〕潌、將、威也。

嫣、居僞反。娗、音挺。僆也。爛僆、健狡也。博丹反。

儇、虔、謾也。謂惠黠也。莫錢反。

佻、疾也。謂輕疾也。音糶。

鞅、侼、強也。謂強戾也。音敎。

鞅、侼、懟也。亦爲怨懟。鞅掐怏也。

追末

追、末、隨也。

僉怚

僉、怚、劇也。謂勤劇。音驕怚也。

僉

僉、夥也。僉者同，故爲多。音禍。

夸烝

夸、烝、婬也。上婬，爲蒸。

眦䫌

眦、䫌、懣也。謂憒滿也。音頻。

𤇾激

𤇾、激、清也。

紓遏

紓、遏、緩也。謂寬緩也。音舒。

清躡

清、躡、急也。

杍㦤〔𤻖〕　蕆逞　柢柲　倩荼　𢣪朴　麋黎　萃離　漢𧹛（赫）

杍、扜洿。〔五三〕㦤、胡計反。解也。

蕆、逞、解也。蕆訓勑，復言解，錯用其義。音展。

抵、柲、刺也。皆矛戟之穳，所以刺物者也。音觸抵。

倩、荼、借也。荼猶徒也。

𢣪朴、猝也。謂急速也。劈歷、打撲二音。

麋、黎、老也。麋猶眉也。

萃、離、時也。

漢、𧹛、怒也。

赤(赫) 誇吁 猜忦 艮磑 苂〔芖〕眼 怤愉 即圍 惙怞

赤、發也。

誇、呼瓜反。吁、然也。音于、皆應聲也。

猜、忦、恨也。

艮、磑、堅也。艮、磑皆石名、物也。五碓反。

〔五四〕苂、眼、明也。苂光也。音滛。

怤、愉、悅也。怤愉猶呴愉也。音敷。

即、圍、就也。即、半也。即一作助。

惙、怞、中也。中宣爲忡忡。惱怖意也。

薵蒙　籌〔籌〕　堪輂　摇祖　祖　祖　括關　衝俶

薵、蒙、覆也。

〔五五〕籌、戴也。此義之反覆兩通者。字或作壽。音俱波濤也。

堪、輂、載也。輂輂亦載物者也。音釘鋦。

摇、祖、上也。

祖、摇也。

祖、轉也。互相釋也。動摇即轉矣。

括、關、閉也。易曰：括囊無咎。音活。

衝、俶、動也。

羞厲 厲 備該 噬 噬 ⿰忄癸 虜鈔 鹵

羞、厲、熟也。熟食爲羞。

厲、今也。

備、該、咸也。咸猶皆也。

噬、食也。

噬、憂也。

⿰忄癸、悸也。謂悚悸也。

虜、鈔、强也。皆强取物也。

鹵、奪也。

鑈、正也。謂堅正也。奴俠反。

蒔、殖、立也。

蒔、更也。爲更種也。音侍。

〔五六〕鬙、尾、稍、盡也。鬙、毛物漸落去之名。除爲反。

尾、梢也。

𣩨、㑃、倦也。今江東呼極爲𣩨，音劇。外傳曰余病𣩨矣。

鼃、律、始也。音蛙。

蓐、臧、厚也。

遵遂

鑴餟

餼⿰飠⿱日彔

偞耇

趙肖

蚩(蚩)慅

吹扇

焜曅

遵、遂，行也。遂遂，行皃也。魚晚反。

鑴、音攜。餟、祭醊。餽也。音愧。

餼、香旣反。⿰飠⿱日彔、音映。飽也。

偞、度協反。耇、音垢。嬴也。音盈。

趙、肖，小也。

蚩、慅，悖也。謂悖惑也。音遥。

吹、扇，助也。吹嘘、扇拂，相佐助也。

焜、曅，晠也。韡曅、焜燿，晠皃也。

苦 翕
蘊
蘊 沓（嗇）
沓（嗇） 殄
翬 翻
憒 目
譟 諻
攎 遨〔遨〕

苦、翕、熾也。
蘊、崇也。
蘊、沓、積也。沓者貪、故爲積。
沓、殄、合也。
翬、翻、飛也。翬翬、飛皃也。音揮。
憒、目、盈也。
譟、喚譟。諻、從横。音也。
攎、音攎。〔五七〕遨、音敖。張也。

岑䫙　岑　效眆　鈵董　扞搷　洲淤　擘　殹

岑、䫙、大也。

岑、高也。岑，崟、峻貌也。

效、眆、文也。眆眆，文采貌也。音户。

鈵、董、錮也。謂堅固也。音柄。

扞、搷、揚也。謂播揚也。音眞。

水中可居爲洲。三輔謂之淤。音血瘀。上林賦曰：行乎州淤之浦也。蜀漢謂之擘。手臂。

殹、幕也。謂蒙幕也。音翳。

剢、音杜。狄也。宜音剔。

度高爲揣。裳絹反。

半步爲跬。羌箠反。

尘盲爲睺。呼鉤反。一音猴。

未陞天龍謂之蟠龍。

裔、夷狄之揔名。邊地爲裔。亦四夷通以爲号也。

考、引也。

弼、高也。

上

箇

一
獨

上、重也。

箇、枚也。爲枚數也。古鹹反。

一、蜀也。南楚謂之獨。蜀猶獨耳。

輶軒使者絕代語釋別國方言第十二

裔歷
裔旅
呲(眦)緣
純毣
藐素
藐
蹣拼踚〔蹣〕

輶軒使者絕代語釋別國方言第十三

裔、歷，相也。

裔、旅，末也。

呲、緣，廢也。

純、毣，好也。毣毣，小好皃也。音沐。

藐、素，廣也。藐藐，曠遠皃。音邈。

藐，漸也。

蹣、踊躍。拼、掾拔。拔也。出休為拼，出火為踚也。〔五八〕拼一作撥。

炖烼煓
憤竅
杪眇
讟咎
蔵〔藏〕敕戒
搣摋
聲腆

蹣作踚。

炖、許孫反。烼、音閱。煓、波煓。赫貌也。皆火盛熾之皃。

憤、竅、孔竅。阨也。謂迫阨。烏革反。

杪、眇、小也。

讟、咎、謗也。謗言噂讟也。音沓。

〔三九〕蔵、敕、戒、備也。蔵亦訓敕。

搣、音蹢。摋、音致。到也。

聲、腆、忘也。

黮黵　龕喊𠲍唏　荼箄　儡宵　蠢　忽達　芒濟(濟)

黮、屋感反。黵、莫江反。私也。皆冥闇，故為陰私也。

龕、音堪。喊、音減。𠲍、荒麥反。亦音郁。唏、虛几反。聲也。

荼、音塗。箄、方婢反。析也。析竹謂之荼。今江東呼篾竹裹為荼，亦名為荼之也。

儡、音逵。宵、音蕭。使也。

蠢、作也。謂動作也。

忽、達、芒也。謂草杪芒躲出。

芒、濟、滅也。外傳曰：二帝用師以相濟也。

劆
蠡〔劙〕魏衎
聳
跌
蘗
湧(漫)淹
𧶠梅
擷挺
譴喘

劆、音廓。〔六〇〕蠡、音儷。解也。魏、能也。衎、刻也。

聳、悚也。謂警聳也。山頂反。

跌、蹷也。偃地反。江東言跌。丁賀反。

蘗、蕪也。謂草穢蕪也。音務。

湧、淹、敗也。溼敝爲湧，水敝爲淹。皆謂水潦湧壞物也。

𧶠、音狸。梅、亡改反。貪也。

擷、恪穎反。挺、音延。竟也。

譴喘、轉也。譴喘猶宛轉也。

困 胎 侹〔健〕 隋 毻 朓〔姚〕説〔娧〕 憚 怛 吴 灼 賦 瘃

困、胎、〔六一〕侹、逃也。皆謂逃叛也。侹音䩠䩥。

隋、毻、易也。謂解毻也。他臥反。

朓、〔六二〕説、好也。謂姅悦也。音遥。

憚、怛、惡也。心怛懷，亦惡難也。

吴、大也。

灼、驚也。猶云恐爀也。

賦、動也。賦斂所以擾動民也。

瘃、極也。巨畏反。江東呼極為瘃，倦聲之轉也。

煎　爽　蟬　慘　㥢　還　宛　類

煎、盡也。

爽、過也。謂過差也。

蟬、毒也。

慘、㥢也。音酒。

㥢、惡也。慘悴、惡事也。

還、積也。

宛、蓄也。謂宛樂也。言婉。

類、法也。

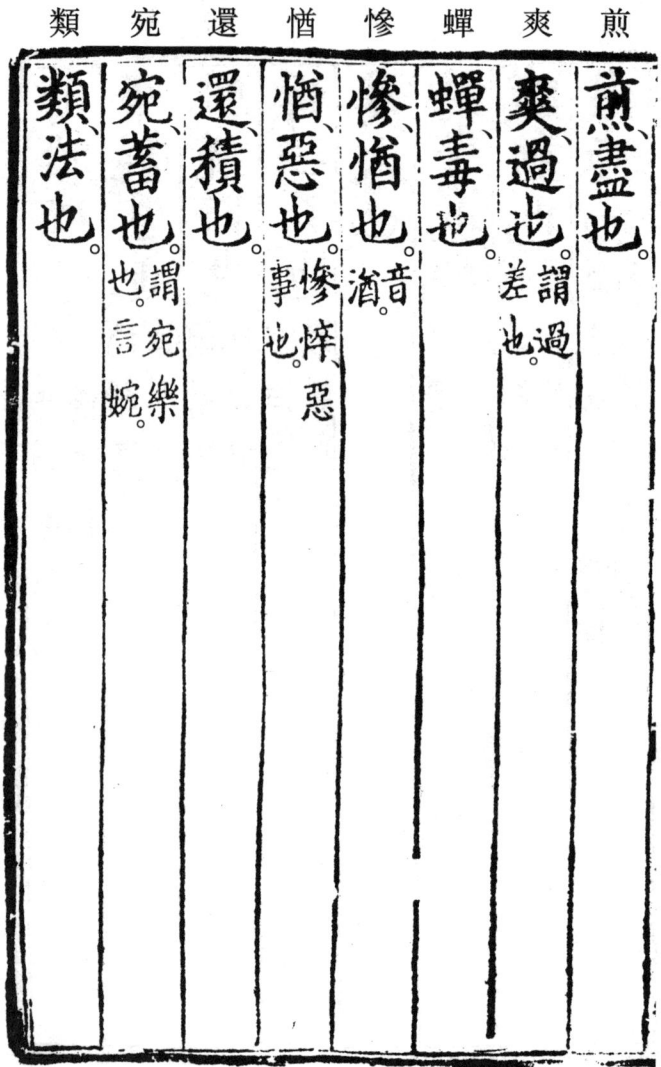

翭　懼　葯　㬱　掊　湟　撈　膜

翭、本也。今以鳥羽本爲翭。音侯。

懼、病也。驚也。

葯、薄也。謂薄裹物也。葯猶纏也。音決的。

㬱、短也。便旋、庳小皃也。

掊、深也。掊尅、深能。

湟、休也。

撈、取也。謂鈎撈也。音料。

膜、撫也。謂撫順也。音莫。

由 猷 莲 揣 頩 埝 讚 賴

由、式也。

猷、詐也。猶者言，故爲詐。

莲、隨也。

揣、試也。揣度試之。

頩、怒也。頩頩、恚皃也。巨廩反。

埝、下也。謂陷下也。音坫肆。

讚、解也。讚訟、所以解釋理物也。

賴、取也。

拎 帶 濂 湛 嘘 俒 衎 𦢊

拎、業也。謂基業也。音鉗。

帶、行也。隨人行也。

濂、空也。濂寠、空皃。康或作廞虛宇也。

湛、安也。湛然、安皃。

嘘、樂也。嘘嘘、歡皃。音謦。

俒、歡也。歡樂也。音蜿。

衎、定也。衎然、安定皃也。音看。

𦢊、腮也。謂腮肉也。魚自反。

讟 𦤎(鼻)首 初祖 兗 翳 臺(臺) 純

讟、痛也。謗誣怨痛也。亦音讀。

𦤎、始也。嘼之初生謂之𦤎，人之初生謂之首。梁益之間謂𦤎爲初，或謂之祖。祖、居也。𦤎、祖皆始之別名也。轉復訓以爲居，所謂代語者也。

兗、養也。

翳、掩也。謂掩覆也。

臺、支也。

純、文也。

祐 恌 薀 搪 惲 陶 㩒〔[illegible]〕 眦曉

祐，亂也。亂宜訓治。

恌，理也。謂情理也。音遙。

薀，䁬也。蘊藹，茂貌。

搪，張也。謂彀張也。音堂。

惲，謀也。謂議也。嘔憤反。

陶，養也。

〔六三〕㩒，挌也。今之竹木格是也。音[illegible][illegible]。

眦、曉，明也。

扱 扶 淬 漺 漉 牧 易 逭

扱、擭也。扱猶級也。

扶、護也。扶挾將護。

淬、寒也。淬猶淨也。作憒反。

漺、淨也。皆冷皃也。初兩、禁耕二反。

漉、極也。滲漉極盡也。

牧、凡也。

易、始也。易代更始也。

逭、周也。謂周轉也。

黖　恬　禔　禔　隓 攋〔攋〕　息　抑　潛

黖、色也。黖然、赤色皃也。音奭。

恬、静也。恬惔、安静。

禔、福也。謂福祓也。音祇。

禔、喜也。有福即喜。

〔六四〕攋、洛旱反。隓、許規反。壞也。

息、歸也。

抑、安也。

潛、亾也。

曉 曉 䵵 隑 迒 迒 賦 蘊

曉、過也。

曉、嬴也。

䵵、短也。蹶䵵，短小皃。音剟。意訛贅。

隑、剴切。陭也。江南人呼梯爲隑，所以隑物而登者也。音剴切也。

迒、長也。謂長短迒。胡郎反。

迒、迹也。爾雅以爲兔迹。

賦、臧也。

蘊、饒也。音温。

監

芬　擣　依　腻　雜　躪　監　抽

芬、和也。芬香和調。

擣、依也。謂可依倚之也。

依、禄也。禄位可依憑也。

腻、䐈也。䐈、䐈肥充也。音脉。亦姿。

監、雜、猝也。皆倉卒也。音古。

躪、行也。言跳躪也。音藥。

監、且也。監縮麩也。

抽、讀也。

滕 適 捭 彌 譯 譯 梗 臆

滕、託也。

適、牾也。相䚎迕也。

捭、予也。予猶與。音畀。

彌、縫也。

譯、傳也。

譯、見也。傳宣語。即相見。

梗、略也。梗槩、大略也。

臆、滿也。愊臆、氣滿之也。

䧞 空 珇 珇 嫗 闓 靡 菲

䧞，益也。謂增益也。音罵。

空，待也。來則實也。

珇，好也。

珇，美也。美好等互見義耳。音祖。

嫗，色也。嫗煦，好色皃。

闓，開也。謂開門也。

靡，滅也。或作摩滅字。音糜。

菲，薄也。謂微薄也。音翡。

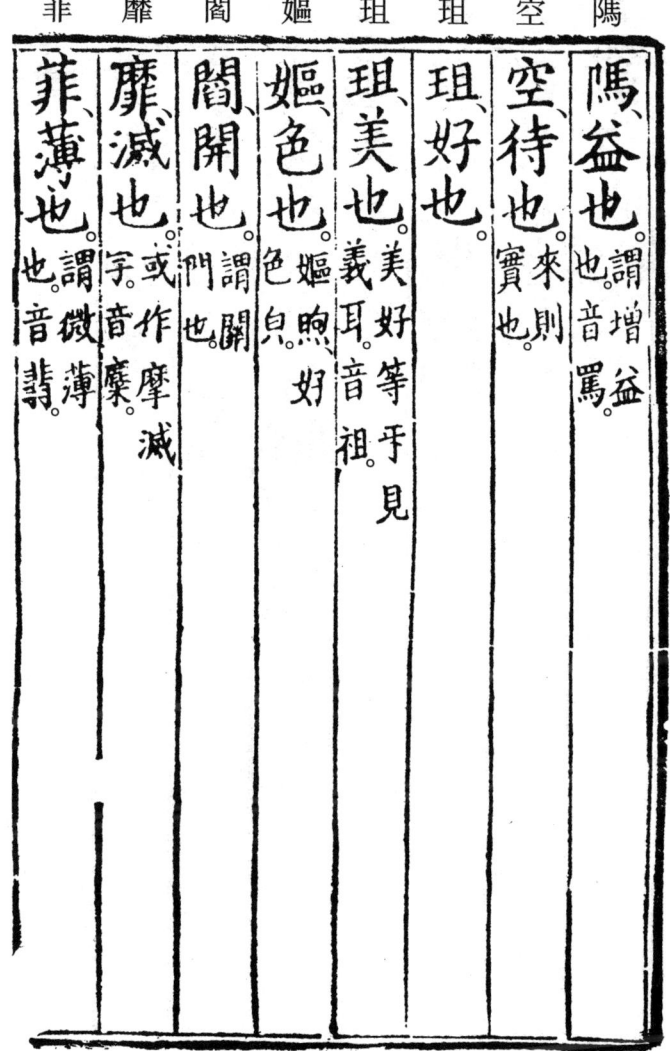

腆 媟 芋 煬翕 煬烈 馺 選延 澌

腆、厚也。

媟、狎也。相親狎也。

芋、大也。芋猶訏耳。香于反。

煬、翕、炙也。今江東呼火熾猛爲煬。音恙。

煬、烈、暴也。

馺、馬馳也。馺馺、疾皃也。索沓反。

選、延、偏也。

澌、索也。盡也。

晞　梗　萃　晛曎　暟臨　暟　箄簍籅筥　牛筐

晞、燥也。

梗、覺也。謂直也。

萃、集也。

晛、俾倪。曎、音亦。明也。

暟、臨、昭也。

暟、美也。暟暟、美德也。呼凱反。

箄、方氏反。簍、音縷。籅、音餘。筥、弓弦。篆也。古筥字。江沔之間謂之籅。趙代之間謂之筥。淇衛之間謂之牛〔六五〕

籧　籆　箄　篣　筊　筲　去簇　鍣〔鍣〕

筐。淇、水名也。籧、其通語也。籧小者南楚謂之簍。自關而西秦晉之間謂之箄。今江南亦名籠爲箄。籠。南楚江沔之間謂之篣。今零陵人呼籠爲篣。音彭。或謂之筊。音都墓。亦呼籃。簇。盛餅筥也。南楚謂之筲。今建平人呼筲爲鞭鞘。趙魏之郊謂之去簇。今通語也。錐謂之鍣。〔六六〕廣雅作銘字。

刁斗　匙　㯸　𥁩𥃊　盦　銚銳　涓抉　餻　粢　餘　餣　䬴

無升謂之刁斗。謂小鈴也。音鉊。見漢書。

匕謂之匙。[illegible]

盂謂之㯸。子殄反。河濟之間謂之𥁩𥃊。

椀謂之盦。

盂謂之銚銳。謠音。木謂之涓抉。椀亦盂屬。江東名盂爲凱。亦曰甌也。鋗玦兩音。

餌謂之餻。或謂之粢。或謂之餘。音鈴。或謂之餣。央怯反。或謂之䬴。音元。

飥餦餛

餦餭䬼餚

餹餳

䴷䴰麲䴸𪌭䵆

䴿

麴

餅謂之飥，音毛。或謂之餦餛。長渾兩音。

餳謂之餦餭。即乾飴也。飴謂之䬼。音該。𩜁謂之餚。以豆屑雜餳也。音髓。餳謂之餹。江東皆言餹。音唐。凡飴謂之餳，自關而東陳楚宋衛之通語也。

䴷、音哭。䴰、音才。麲、于八反。䴸、音牟。大麥麴。𪌭、音脾。餅麴。䵆、音蒙。有衣麴。䴿、䑗音小麥麴為䴿，即䴷也。麴也。自關而西秦豳之間曰䴷。豳即邠。音斌。晉之舊都曰䴰。今江東人呼麴為䴰。齊右河濟曰麲，或曰䴸。北鄙曰𪌭。麴，其通語也。

櫺　⿸靁几〔⿸靁瓦〕　墳培　堬采　埌壠　廿塿　墓　墲

屋梠謂之櫺。雀梠即屋檐也。亦呼爲連綿。音鈴。

㼾謂之⿸靁几〔六七〕。即屋穩也。今字作甍。音萌。⿸靁几音霤。

冢，秦晉之間謂之墳，取名於大防也。或謂之培，音部。或謂之堬，音臾。或謂之采，古者卿大夫有采地，死葬之，因名也。或謂之埌，波浪。或謂之壠。有界埒似耕壠，因名之。自關而東謂之廿。小者謂之塿，培塿亦堆高之皃。洛口反。大者謂之廿。又呼冢爲墳也。凡葬而無墳謂之墓，言不封也。墓猶慕也。所以

墓謂之墲。墲謂規度墓地也。漢書曰：初陵之墲，是也。

輶軒使者絶代語釋别國方言第十三

方言十三卷宋刊宋印本後有慶元庚申跋兩段書中避諱至惇字印甯宗時刊本李滄葦顧仁效顧元慶朱大韶遞藏仁效元慶均長洲人居陽山下朱大韶華亭人撰經閣印其藏書文 國初歸滄葦季氏書目云楊子方言六卷四本牧翁跋印此書錢跋疑在慶元跋之後書禁嚴時撤去一葉影寫六字補之書十三卷季目云六卷誤 壬子十月繆荃孫識

意園得此書時曾爲余舉宋刻勝影景宋本數事許以借校從以鮮暇顧未果也人天永隔復見此書老懷淒惋乃不勝如蔓春韶之痛沈君欲重刻傳之此固意園有志而未竟者也　壬子十月　姚埭老民植書

壬子夏秋之交意園藏書始出沅叔同年以
精槧名校本甚夥而以方言爲甲觀絳雲
一跋不可復讀而紙版古香騰溢真足爲驚
人祕笈意園宋元版不多而至精其尤之冣烜
赫者禮記四十册寬整如新吾與沅叔皆儀
價而苦絀舉然吾屢得一孔叢子經籍稱
嘉祐刻本實不及此書遠矣信乎沅叔真
有書福者甲寅立春群碧主人鄧邦述記

鬱華閣藏宋槧之精整完好者推黄唐本禮記正義与此書為巨擘自壬子散出多入景賢手此則為莚趣主人所獲否則亦隨禮記諸書入我篋矣蓋景氏見是書後未幾即倂舉宋本售諸文中有黄善夫刊蘇詩汀州本群經音辨亦盛氏書中之上駟然舍禮記外無可与此書抗者雖同為宋本當視其著作為次第之此書直甲之甲者豈可作甲觀耶　丙辰八月棘人袁克文

江安傅氏藏宋本甲觀 夏正甲寅二月上丁

長洲章鈺記

余舊藏揚子方言正是此本而字墨尤精好紙是南宋樞府諸公交承啓劄翰墨燦然於今思之更有東京夢華之感跋見有學集四十八卷牧翁所藏想歸天上則此本由乙而推甲矣

沅叔寶諸 蘋風拾記 茗理逸寫

余所見宋本書紙墨必精此本蓋南宋非北宋也方今舊本益稀小山所云推甲蓋有慨也甲寅五月王闓運觀

此即錢遵王售于季滄葦
宋本書之一其後經徐顧朱
遞藏而不見於著錄家兵燹
之餘鬼神呵護乃歸沅叔所
有特倩良工重刻驚人祕笈

修見流傳千萬本于天壤向何幸如之 壬子仲冬宜都楊守敬記於上海時年七十有四

鬱華閣藏書流傳我邦者今亦獲數種皆我邦舊刻如此宋本乃歸沅叔先生 物宜各歸其本主我不以為憾也丁巳十二月九日內藤虎

意園舊藏宋本不多而至精孝先之言甚碻　昌綬所收甲申雜記聞見近錄已贈藝風倚松老人詩亦歸寒雲皆宋槧宋印孤帙此更為漢代蜀賢遺書宜　沅叔奉為鎮庫重寶也

丁巳閏二月仁和吳昌綬謹志

此本與盧抱經所校李文授本殊不盡合如卷九艗艏盧校李本艗首此本仍作艏卷十二饋音睞盧校李本音影此本仍作睞鹽歇盧校李本歇下作許謁二字此本作泄氣文注中渴作謁此仍作渴皆不可解抱經所見殆景寫盧傳校之本必非真本也沅叔見示此書因書數語冀他日重作校記以匡盧氏之誤爾 丁巳七月 盛鐸

編者注

〔一〕頁一行八末字缺，静嘉堂文庫藏影宋抄本作「嬴」。

〔二〕頁二行一末字缺，静嘉堂文庫藏影宋抄本作「而」。

〔三〕頁六行六字七「憮」下郭注「海狐反」，清人校本皆作「幠」。

〔四〕頁一四行一字十六起「婢，出也」下郭注「别異義」，可證「婢」當同上文作「蟬」。

〔五〕頁一六行二字十一殘，静嘉堂文庫藏影宋抄本作「髓」。

〔六〕頁一九行三字十四「睇」，字書所無。盧文弨、錢繹校本（下簡稱「盧校本、錢校本」）作「睇」，與此字形近，於義不合；戴震校本（下簡稱「戴校本」）改作「䐶」；周祖謨《方言校箋》以《萬象名義·目部》「䐶」音「以證反」、訓「雙也」證戴校不誤，且指出宋本蓋因注文「音滕」而誤。今從戴校。

〔七〕頁一九行八字一「魏」下郭注「羌箠反」，清人校本皆作「婁」。

〔八〕頁二三行八字二「暗」，諸覆、重刻宋本及明本皆作雙行小字「音日」，清人校本亦改其爲郭注，具體改動不一。該字係郭注，故不入索引。

〔九〕頁二四行一字八「託」與下文分釋之「託」，二者當有一譌，據上下文義知「託」當從下改作「託」。

〔一〇〕頁二五行二字二「⿰齒禾」，字書、韻書多不收，唯《字彙·齒部》收之，釋義引《方言》，注音曰「音無考」。戴、錢校本作「齘」，錢校本並指出此字因「介」隸變作「禾」而誤。

〔一一〕頁二七行三字三「鐕」，字書所無，清人校本皆作「鐕」。故改同條末字爲「鐕」，並入索引。

〔一二〕頁二七行五字十一「輸」下郭注「音臾」，清人校本皆作「褕」。

〔一三〕頁二八行七字六「攗」下郭注「古捃字」，知此字當爲「攈」字之譌。

〔一四〕頁三三行七字六「芥」下郭注音「嫫母」之「嫫」，清人校本皆作「莽」。

〔一五〕頁三五行一字一「葰」，字書所無。戴、錢校本作「葰」。

〔一六〕頁三九行四字一「氾」下郭注「音汎」，清人校本皆作「氾」。

〔一七〕頁三九行八字五殘，静嘉堂文庫藏影宋抄本作「侹」。

〔一八〕頁四三行一字一「褸」，字見《廣雅·釋天》「褸，祭也」，王念孫疏證：「褸，本作膢。」與下文義疏不相合，當從下文「襤褸」字改作「褸」。清人校本皆作「褸」。

〔一九〕頁四三行一字四「⿰扌⿺廴疌」，字書所無。戴、錢校本作「捷」。

〔二〇〕頁四七行八字十五殘，静嘉堂文庫藏影宋抄本作「⿰衤屈」。

〔二一〕頁五〇行二字四「衽」，字書所無。諸明本及清人校本皆作「衽」。

〔二二〕頁五四行五字五「也」係衍文，當删，其上「帞頭」入索引。

〔二三〕頁五五行八字一「屐」，粗看無誤；然轉頁行二字三複出「屐」字，其下有郭注，若兩字相同，則郭注當注於前字，由此知此字恐有誤。戴校本改作「屨」。盧氏改兩「屐」並作「屦」，然如此仍未解決郭注於後字之問題，故今從戴校。

〔二四〕頁五五行八字十五缺，静嘉堂文庫藏影宋抄本作「南」。

〔二五〕頁五六行二字三「屐」下郭注「字或作屐，音同」，則兩「屐」當有一誤。清人校本正文「屐」作「屦」。

〔二六〕頁五七行六字十三「⿱㚘鬲」，字書所無。諸明本及清人校本皆作「鬵」。

〔二七〕頁五七行八末四字漫漶，四部叢刊影宋李孟傳刻本、福山王氏天壤閣翻刻本皆作「盌謂之盂」。

〔一八〕頁五九行八字十六殘，静嘉堂文庫藏影宋抄本作「甀」。

〔一九〕頁六〇行一末三字漫漶，四部叢刊影宋李孟傳刻本、福山王氏天壤閣翻刻本皆作「靈桂之」。

〔二〇〕頁六一行八末字殘，静嘉堂文庫藏影宋抄本作「或」。

〔二一〕頁六五行六字五「拂」下郭注「音拂」，則兩「拂」當有一誤。諸明本及清人校本皆作「柫」。

〔二二〕頁六六行四字十四「椵」下郭注「江東呼都，音叚」，清人校本改正文「椵」爲「椴」，改郭注「叚」爲「段」。

〔二三〕頁六六行八字一「⿰扌关」，字書所無。戴校本作「栚」。

〔二四〕頁六八行六字二「樺」下郭注「音先」，清人校本皆作「梓」。

〔二五〕頁七一行二字二「⿰丬⿱夕水」，字書所無。戴校本作「⿰氵⿱夕关」，同「獎」。

〔二六〕頁七二行三末四字「其言聯者」，據文意當複指上文之「⿰耳關」，今從戴、錢校本改「聯」作「⿰耳關」。

〔二七〕頁七六行六字一「汨」下郭注「于筆反」，清人校本作「汩」。

〔三八〕頁七八行二字一「坁」，據下文乃「蚍蜉豞鼠之塲」；頁一三一行四起有「蚍蜉……其塲謂之坻」，則「坁、坻」兩字當有一誤。戴校頁七八之「坁」作「坻」，今從之。

〔三九〕頁七八行二字三「坦」下郭注音「癰疽」之「疽」，不甚相合，清人校本校本作「坥」。

〔四〇〕頁八二行三字一、二「閽笘」，下文作「閽苫」。戴校本「笘、苫」俱改作「苫」，盧校本「笘」從下改作「苫」。今從盧校。

〔四一〕頁八四行二字一、二「佚惕」下郭注「跌唐兩音」，戴校本「惕」改作「婸」，盧校本改作「愓」。今從盧校。

〔四二〕頁九八行三字二「鵆」，字書所無，戴校本作「鴴」。按《集韻》有「鴴」字。

〔四三〕頁九八行六字七、八「鷊䳁」下郭注「福不兩音」，盧校本「䳁」作「鳾」。

〔四四〕頁一〇五行二字九「敐」，字書所無，戴校本作「𢿱」。

〔四五〕頁一〇六行一字七漫濾，静嘉堂文庫藏影宋抄本作「𥴊」。

〔四六〕頁一一四行七字六「粃」，字書所無，戴校本作「粃」。

〔四七〕頁一一九行八字三「𧳋」，字書所無。錢校本疑作「劉」。

〔四八〕頁一二六行六字三「柤」、字七「樝」疑皆當據上文改從「扌」。

〔四九〕頁一二八行四字二「疋」下郭注「祖一反」，清人校本作「尐」。

〔五〇〕頁一三〇行六末字「蠀」，字書所無。盧校本改作「蠀」。

〔五一〕頁一三七行四字一「瀊」，字書所無，戴校本作「澄」。

〔五二〕頁一三九行三字一「溱」，字書所無，戴校本作「溔」。

〔五三〕頁一四一行一字三「廆」，字書所無，戴校本作「瘛」。

〔五四〕頁一四二行五字一「芵」，字書所無，戴校本作「芺」。

〔五五〕頁一四三行二「籌，戴也」下郭注「此義之反覆兩通者，字或作壽，音俱波濤也」，據此本條「籌」與上條「薵」當爲同一字，則兩字當有一誤。戴校本本條與上條連寫，「籌」作「薵」，今從之。

〔五六〕頁一四五行四字一「髻」下郭注「除爲反」，戴校本作「髻」。

〔五七〕頁一四七行八字三「遬」，字書所無，戴校本作「遬」。

〔五八〕頁一五一行八字十四「蹦」與上文之「躪」兩字當有一誤，據「蹦」下郭注「躪一作蹦」，知「蹦」當從上文改作「躪」。

〔五九〕頁一五二行六字一「蒧」，字書所無，戴校本作「蒧」。

〔六〇〕頁一五四行一字三「蝨」，字書所無，戴校本作「劙」。

〔六一〕頁一五五行一字三「僆」，字書所無，戴校本作「僆」，同「僆」。

〔六二〕頁一五五行三字一、二「朓説」下郭注「音遥」，戴校本作「姚娧」。

〔六三〕頁一六一行七字「襟」下郭注音「禁惡」之「禁」，戴校本作「襟」。

〔六四〕頁一六三行五字一「攋」，同「攋」，字書所無，戴校本作「攋」。

〔六五〕頁一六九行八末字殘，福山王氏天壤閣翻刻本作「牛」，四部叢刊影李孟傳刻本作「井」。據宋本殘存字形當以「牛」爲是。

〔六六〕頁一七〇行八字四「鍩」，字書所無，戴校本作「鍣」。

〔六七〕頁一七三行二字四「甗」，字書所無，戴校本作「甗」。

音序索引

本索引收入《方言》正文中的被釋詞語。單音詞按漢語拼音字母順序排列，同音詞按筆畫由少到多排列。複音詞列於首字所在音節之下。注音爲方便檢索而設，不對讀音作嚴格考證。

爲便於讀者檢索，索引中舊字形改作新字形，避諱缺筆字予以補全，習見之俗譌字改作正體字；罕見之俗譌字，以圓括號標示正體字，俗字、正字同列於正體字所在音節之下；譌不成字者，以六角括號標示後人校改字，譌字、改字同列於校改字所在音節之下；與郭注音義不合或與上下文義殊違者，以六角括號標示後人校改字，原字、改字分列於相應音節之下。

筆畫索引

本索引收入《方言》正文中的被釋詞語。單音詞按筆畫多少爲序排列，筆畫數相同的按起筆筆形横竪撇點折的次序排列，起筆筆形相同的按第二筆筆形次序排列，以此類推。複音詞列於首字所在位置之下。

爲便於讀者檢索，索引中舊字形改作新字形，避諱缺筆字予以補全，習見之俗譌字改作正體字；罕見之俗譌字，以圓括號標示正體字，俗字、正字分列於相應筆畫下；譌不成字者以及與郭注音義不合或與上下文義殊違者，以六角括號標示後人校改字，原字、改字分列於相應筆畫下。

九畫

十畫

十二畫

十三畫

十四畫

十五畫

十六畫

十七畫

十八畫

十九畫

二十畫

二十一畫

二十二畫